한나 아렌트

삶은 하나의 이야기다

한나 아렌트

삶은 하나의 이야기다

줄리아 크리스테바 지음
이은선 옮김

늘봄

일러두기

본문의 괄호( )와 이탤릭체는 저자 크리스테바의 강조이다.

직접 인용문은 원서와 동일하게 작은따옴표(' ')로 표기했다.

옮긴이가 붙인 주는 [옮긴이]로 표기하고, 저자가 붙인 주는 표기를 생략했다.

차 례

서 문

먼저 저를 '비교문학센터'에 초대해서 토론토대학의 학생들과 교수들의 높은 수준을 알 수 있는 기회를 주신 니셀로트Nesselroth 교수님께 감사드리고 싶습니다. 특히 이렇게 명망 높은 알렉산더 강좌에 제가 초대될 수 있도록 제안해주신 학부대학의 폴 페론 Paul Perron 교수님께 감사드립니다. 또한 저의 모든 강의를 통역해 주신 프랭크 콜린스Frank Collins 교수님께도 감사드리고 싶습니다.

이 강좌에서 저는 한나 아렌트 작품의 철학적 측면을 다룰 것입니다. 언어와 자아, 몸과 정치 영역, 그리고 삶과 같은 개념들을 그녀가 어떻게 이해했는가에 대한 것입니다. 저는 『전체주의의 기원』The Origins of Totalitarianism이나 『예루살렘의 아이히만』

Eichmann in Jerusalem, 또는 『공화국의 위기』Crises of the Republic 등, 이미 매우 잘 알려져 있고 심각하게 토론된 그녀의 정치적 작품들에 대해서는 크게 논하지 않을 것입니다. 그러나 저는 이런 작품들을 항상 염두에 둘 것이며, 여러분도 저의 강의를 듣는 동안 그렇게 하시기 바랍니다. 저는 저의 좀 더 철학적이고 정치적인 성찰들이 아렌트 사상 안의 모순들과 또한 그녀의 관점에 대한 오해들을 밝혀내는 일에 도움이 되기를 기대합니다.

- 줄리아 크리스테바

1

삶은 하나의 이야기다

한나 아렌트Hannah Arendt, 1906~1975는 다음과 같이 썼다. '어떤 사람들은 그들의 삶(오직 그들의 삶이 그렇다는 것이지 인격으로서가 아니다!)이 매우 노출되어 있어서 그들 삶이 그 자체로 *삶*life의 교차점과 구체적인 객관화가 된다.'[1] 자신의 운명을 예견하는 이 언술을 남긴 것은 그녀가 겨우 스물네 살 때였다. 그녀는 이미 그녀 삶 전체를 통해서 매혹적인 존재였던 하이데거를 만나 사랑했으며, 깊이 신뢰하는 칼 야스퍼스의 지도 아래서 박사학위 논문 「성 어거스틴의 사랑 개념」The Concept of Love in Saint Augustine을 마쳤다.[2] 애초부터 그녀는 자신이 '*삶*의 한 연결점과 객관화'로 고정될 만큼 '노출되어'exposed 있다는 것을 알았다.

신학자가 되려는 생각으로 공부에 전념하며 형이상학을 '해

1) Letter no. 15, *Hannah Arendt/Karl Jaspers Correspondence*, 1926-1969, ed. Lotte Kohler and Hans Saner, trans. from the German by Roberta and Rita Kimber(New York and London: Harcourt Brace Jovanovich, 1992), p.11.

2) Springer Verlag, 1929.

체하는' 일에 몰두하는 가운데 그보다는 *삶*이 젊은 철학자의 사유 속에 본질적인 주제로 자리 잡았다. 먼저는 *단순히 생존 자체*simply life itself였다: 아렌트는 살아남기 위해 1933년 독일을 떠나야 했고, 이어서 홀로코스트the Shoah를 피해 망명을 택했기 때문이다.[3] 그녀는 황폐해진 유럽을 거쳐 도망쳐 나왔고, 처음에는 파리에 머물다가 마침내 1941년 훗날 그녀가 10년이나 지나서 시민권을 얻었던 미국 뉴욕을 향해 떠났다. 그녀는 정치 평론가가 되어 반유대주의 역사와 전체주의의 기원에 관한 주요 연구를 했으며, 나중에 그녀의 근본적인 성찰인 정신의 삶에 대한 주제로 의기양양하게 돌아왔다.

처음부터 *삶과 사유*life and thought는 하나이고 같은 것이라는 열정에 사로잡힌 그녀의 다양하지만 서로 깊게 연결된 지적 오디세이는 *삶*을 그 중심에 두는 일을 결코 멈추지 않았다.[4]

---

3) 쇼아(The Shoah)는 재앙을 뜻하는 히브리어로써 20세기 나치에 의한 유대인 학살의 홀로코스트와 같은 의미로 쓰인다. : 옮긴이

4) 이 책 전체에 걸쳐 등장하는 'thought'는 때와 경우에 따라서 사유, 사고, 사상 등의 말로 번역되었다. : 옮긴이

왜냐하면 그녀는 '전문적인 사유가'라는 것과는 아주 거리가 멀게 자신의 삶에서 생각을 행동으로 밀어붙였기 때문인데, 이와 같은 특유의 아렌트적인 특질에서 우리는 어쩌면 여성들에게 고유한 어떤 것을 보고자 하는지도 모른다. (프로이트적 의미에서) '억압'은 여성들에게 '문제적'이고, 그래서 그들은 순수 사고의 강박적인 요새에 스스로를 고립시키지 못하는 반면, 남성들은 아주 성공적으로 잘 겨루어서 그들 몸의 현실과 또한 다른 사람들과의 관계에 잘 안착하기 때문이다.[5)]

그러나 여기서 더 나아가 그녀의 전 작품에 걸쳐 *삶이라*는

---

5) 많은 출판물과 담화와 저널의 특별호들이 한나 아렌트 작품 연구에 바쳐졌다. 그중에서도 특히 다음과 같은 몇 가지를 언급하고자 한다. Social Research 6, 44(1977); *Les Edudes phénoménologiques* 2(1985); Les Cahiers de Grif (Fall 1986); *Les Cahiers de philosophie* 4(1987); Colloque de l'Institut italien des études philosophiques de Naples, 1987; *Politique du pensée*, Actes du colloque du Collège international de philosophie 1988 (Edition Tierce, 1989; Payot-Rivages, 1996); 'Hannah Arendt et la modernité,' *Annales de l'Intitut de philosophie de Université de Bruxelle* (Vrin, 1992)

*주제*theme of life는 그녀가 정치사와 형이상학을 논할 때도 그녀의 사유를 인도하여 다양한 형태로 재현되면서 이 주제가 점점 더 정제되고 첨예화된다. 그것은 그녀가 엄청난 지적 용기를 가지고 (그러한 저항을 맞닥뜨리면서도!) 나치즘과 스탈린주의가 *인간 삶을 똑같이 부정*the same denial of human life하는 매한가지 *전체주의*totalitarianism이며, 공포와 전율의 또 다른 두 얼굴이라는 것을 밝힐 때 그녀의 사고와 일치한다.

아이러니하며 분노에 찬 그녀의 진중한 어조는 그녀가 '근본악'radical evil이란 '뒤틀린 의지' 안에 담겨 있고, 칸트적인 의미에서 '사람들을 모두 잉여로 만드는'men superfluous 것이라고 진단하며 선언할 때 종종 묵시론적인 톤으로까지 깊은 염려를 드러낸다. 다른 말로 하면, 과거에서뿐만 아니라 잠재적으로도 전체주의적 인간이란 그 자신의 것을 포함해서 모든 삶(생명)의 *의미*meaning를 완전히 소멸시켜 버림으로써 인간 *삶*을 파괴하는 사람이라는 것이다. 더 부정적인 사실은 아렌트가 특히 제국주의의 등장과 더불어 강조한 인간 삶의 '잉여성'superfluity이 자동화가 판치는 현대 민주주의 사회 속에서 도리어 결코 사라지지 않는다는 점이다.

> … 우리는 근본악이 그 내부에서 모든 사람이 똑같이 잉여적이 되는 시스템과 연결되어서 등장했다고 말할 수 있을 것이다. 그 시스템의 조종자들은 다른 모든 사람의 잉여성뿐 아니라 자신들의 잉여성에 대해서도 똑같이 믿는데, 전체주의적 살인자들은 그들이 결코 그들 자신이 *살아 있는 것인지 아니면 죽은 것인지*alive or dead, 또는 그들이 *살았었는지*lived 아니면 *태어나지도*born 않은 것인지에 대해 무심하기 때문에 더욱더 위험하다. 시체 공장들과 망각 구멍들의 위험이란 오늘날 도처에서 인구와 홈리스들의 증가와 더불어 우리가 세상에 대해서 지속적으로 실리주의적으로 생각할 때 대중들이 점점 더 잉여적이 되어 간다는 것이다. 정치적, 사회적, 경제적 사건들은 모든 곳에서 이렇게 사람들을 잉여적으로 만드는 전체주의적 도구들과 더불

어 소리 없는 공모를 꾀한다.[6)]

이 위협에 직면해서 아렌트는 『인간의 조건』The Human Condition에서 삶에 대한 맹렬한 방어를 구축한다. 소비주의의 생기론적 결정론과 '생명 활동'vital process에 대한 현대 과학기술의 헌신 속에서 단지 틀에 박힌 듯이 재생산되는 삶에 대한 정반대 극단에서 아렌트는 그녀가 기꺼이 '삶의 기적'the miracle of life이라고 부르는 데 주저하지 않는 각각의, 그리고 모든 탄생의 고유함에 대해 찬양을 올린다.

세계, 인간사 영역을 그 통상적이고, '자연적인' 파멸로부터 구하는 기적은 궁극적으로 탄생성이라는 사실인데, 그 안에 행위능력이 존재론적으로 뿌리내리고 있다. 그것은 다시 말해 새로운 인간의 탄생이고 새로운 시작이며, 그들이 태어남으로 인해

6) Hannah Arendt, *The Origins of Totalitarianism* (New York: Harcourt, Brace and World, 1966), p.459.

> 서 가능해지는 행위인 것이다. 이 능력에 대한 온전한 경험만이 고대 그리스인들이 모두 무시했던 인간 존재의 두 가지 본질적인 특질인 믿음과 희망faith and hope을 인간사에 선사할 수 있다. … 그것은 바로 아마도 신약 복음서가 선포한 '기쁜 소식'glad tidings 곧 '한 아기가 우리에게 탄생했도다'A child has been born unto us라는 몇 마디 속에서 가장 영광스럽고 압축적인 표현을 발견한 세상에 대한 믿음과 그를 위한 희망이다.[7)]

오늘날 우리는 이 *삶*, 곧 기독교와 기독교 이후의 민주주의에서 성스러운 가치였던 삶이 한 역사적 진화의 최근 산물임을 받아들이고, 그것이 위험에 처할 수 있다는 가능성을 직면하기 어려워한다. 엄밀히 말해 이는 근본적인 가치에 대한 탐색인바, 성 어거스틴에 대한 그녀의 '박사학위 논문'에서부터 판단 능력에 대한 미완성 원고에 이르기까지 일관되게 추적될

---

7) Hannah Arendt, The Human Condition (Chicago: University of Chicago Press, 1958), p.247.

수 있는데, 그것(삶)이 기독교 종말론 안에서 어떻게 구축되었고, 또 현대 사회에서 어떻게 위험에 처하게 되었는지에 대한 것이다. 아마도 바로 이 탐색의 구조가 그 고유한 비밀스러운 방식에서 그녀의 작품 전체를 관통할 것이다.

'이야기된 삶', *생애 묘사*bios-graphie의 열렬한 찬미가인 아렌트는 그런데도 자서전도 어떤 소설도 쓰지 않았다. 다만 그녀가 젊은 시절에 썼던 『라헬 파른하겐 : 한 유대 여성의 삶』Rachel Varnhagen : The Life of a Jewess이 그러한 구술에 가깝다고 할 수 있겠는데[8], 거기에 그녀는 철학자이자 정치학도로서 아리스토텔레스처럼 '행위'action의 존엄성에 따라서 삶에 마지막 손질을 가하는 특권을 누렸다. 그 작업은 1933년, 성 어거스틴에 대한 학위 논문을 완성한 후 베를린을 떠나기 전에 마무리되었지만, 1938년에 마지막 두 장이 첨가되었으며, 1958

8) Hannah Arendt, *Rahel Varnhagen: The Life of a Jewess*, ed. Liliane Weissberg, trans. Richard and Clara Winston(Baltimore: Johns Hopkins University Press, 1977).

년까지 출판되지 않았다.

지적 삶에 의존해 아렌트는 (서구) 형이상학적 전통이 활동적 삶을 희생시키는 대신에 정신적 삶에 특권을 부여하는 것을 비판하는 내내, 활동이란 삶을 의미한다고 주장하면서 활동적 삶에 더 큰 가치를 두는, '가격을 매기는 일'valorize에 착수한다. 그런데도 『인간의 조건』에서 그녀는 또한 허무주의적 가치 자체로서의 '삶/생명' 개념을 거부하는 예상치 못한 결과에 도달하기도 한다. *도구인homo faber*을 신격화하면서도 '사유' 없이 '계산'만 하는 류의 지식의 자동화 안에 갇히게 하는 생기론적 활동주의가 강하게 규탄받는다. 그러므로 아렌트는 어거스틴이 '태만한' 삶, 곧 *복된 삶*beate vivere과 *지고적 존재* *summum esse*에 관계하지 않는 삶에 관해서 지적한 것에 동조하면서 삶에서 무엇이 영속적인 것인가에 대한 관점을 잃을 때 인간 삶을 삼켜버리는 소비주의에 대해서 질타한다. 그녀는 '개인적 삶'에 대한 숭배를 비난하면서, 그보다 더욱더 근대 최고선으로 자처하지만 불멸성immortality에 대해 어떠한 열망도 불러일으키지 못하는 '종種으로서의 삶'life of the species을 규탄한다. 생기적 '과정'이 불멸성을 향한 추구를 대체하는데, 이 개념은 근본적으로 허무주의적인 가치로 제기된 것이다. 기술이나 과학에 근거해 장시간에 걸쳐 관점이 변화하는 가운데 아렌트는 특별히 마르크스를 공격한다. 마르크스가 '사유 과정은 그 자체로 자연적 과정'이라고 규정함으로써 인간을 '자연화'naturalizes시켰다는 것이다.[9] 이것은 어떤 신성함의 동력도 남기지 않고서 삶을 그 자체로 신성화하는 가면 뒤에서 *노동하는 동물animal laborans*의 승리를 보장하는 과학자들의 결정론이 여지없이 이루어진 것이다.

사상의 이러한 경향에 맞서 아렌트는 '특별히 인간적인'specially human 삶을 제안한다. 그것은 *하나의 이야기a narrative*로 재현되고, *다른 사람들other men*과 더불어 공유하는 한에서 '탄생과 죽음 사이의 시기'를 지시하는 표현이다. 이것은 그녀

9) Karl Marx, letter to Kugelmann, July 1868, *The Human Condition*, p.321에서 재인용.

의 초기 어거스틴 독해를 최상으로 다시 개작한 것인데, 여성 철학자로서 그녀의 나중 정치적 경험으로 뒷받침된다. 그 명확한 언술은 다음과 같다.

> 그의 나타남과 사라짐이 이 세상적 사건이 되는 이러한 특별히 인간적인 삶의 핵심 특성은 그것이 궁극적으로 하나의 이야기로 서술될 수 있고, 하나의 전기傳記가 될 수 있는 사건들로 가득 차 있다는 것이다. 그것은 바로 이 삶에 대한 것이고, 단순한 *생명zoe*으로부터 구별되는 정치적[10] *생bios*으로서 아리스토텔레스는 그것을 하나의 *행위praxis*라고 일컬었다.[11]

그러므로 탄생과 죽음을 재현하는 가능성, 즉 그것을 시간 속에서 파악하고 다른 사람들에게 설명할 가능성이 바로 *이야기하기의 가능성the possibility of narrating*이고, 그것은 인간 삶을

---

10) : 옮긴이

11) Arnddt, *The Human Condition*, p.97.

그에게 특별한 것, 그에게서 비동물적인 것, 비생리적인 것 안에 근거 지운다. '권력의지'를 삶에서의 정상적인 욕구로 보는 니체를 암암리에 환기시키는 한편, 그리고 또한 니체의 생기론을 시적 표현의 '평온함'에로 돌리는 하이데거에 암묵적으로 호소하면서 아렌트는 이야기의 *행위성*praxis을 복권시킨다. 시적 작업의 소원함을 거부하며 오직 이야기하기로서의 행위와 행위로서의 이야기하기만이 삶을 '특별히 인간적인 것'이라는 의미 속에서 완성시킨다는 것이다. 아리스토텔레스에서 기원한 것이 확실한 이 개념은 *삶*life, *이야기*narrative, 그리고 *정치*politics의 운명을 서로 연결시킨다. 이야기가 예술 작업의 지속성과 불멸성을 결정한다. 그러나 그것은 또한 역사적 이야기로서 *공동체*polis의 삶을 동반하는데, 단어의 가장 적합한 의미로 삶을 정치적 삶(그리스 시대 이후로 계속 위협받아온 것 중 하나지만)으로 만든다.

마지막으로 아렌트의 사고는 세 번째 단계로 이동한다. 그녀는 *활동적 삶*vita activa에 대한 성찰을 단념하지 않고 '정신의 삶' the life of the mind[12]에 대한 사고의 핵심에 도달하는데, 그것은 *사고*thought, *의지*will, 그리고 *판단*judgment이라는 세 가지 요소를 밝히는 일이다. 그러나 이 작업은 이미 『인간의 조건』에서 시작된 것이다. 인간 활동들(*작업*work, *작품*oeuvre, *행위*action, *활동적/정신적 삶*vita activa/vita contemplativa)의 계급성을 어떤 손실도 없이 뒤집을 수 없다는 것은 사실이지만, 그리고 또 그러한 전복은 그 둘을 동시에 파괴함으로써 사유와 삶을 위협한다는 것 역시 맞다. 하지만 삶이 취하는 여러 다양한 형태, 다른 모습이 되는 방식, 그리고 이 모든 것으로부터 비롯되는 복잡한 모습들에 대해 지속적으로 탐색함으로써 삶을 구하는 일이 가장 시급하다. 기독교 종말론과 또한 철학의 일부이기도 한, 삶과 사유가 불가분의 관계라는 것을 수용하면서 아렌트는 역사를 정신의 해체와 공명키는데, 그것은 인본주의적 관념론자들이 그렇게 믿어 왔듯이 삶이란 그 자체로 하나의 '가

12) Hannah Arendt, *The Life of the Mind* (New York: Harcourt Brace Jovanovich, 1978)을 보라.

치'value가 아니라는 것을 보여주기 위함이다. 삶이란 그 의미와 행위 둘 모두를 끊임없이 *탐구하지 않는 한*inquire into 스스로 충족할 수 없다. '행위의 계시적 성격은 이야기를 생산하고 역사적이 되는 능력과 마찬가지로 바로 거기서 의미가 생성되며, 인간 실존을 비추는 근원을 함께 형성하는 것이다.'[13]

13) Arendt, *The Human Condition*, p.324.

2

아렌트와 아리스토텔레스: 이야기하기를 위한 변명

아렌트의 젊은 시절 텍스트(성 어거스틴에 대한 박사학위 논문과 『라헬 파른하겐』)와 전체주의에 관한 유명한 작업들 사이의 실종된 고리가 그녀의 이야기하기 언어(*이야기*story와 *역사*history) 속에 드러나는 정치적 행위로서의 인간 삶에 대한 개념인 것 같다. 그러므로 우리는 아렌트의 성숙기에 해당하는 정치적 작품을 읽기 전에 먼저 그녀가 탐색한 모든 작업을 관통하는 이야기하기에 대한 변명이 무엇을 시사하는지를 다루어야 한다. 아렌트에 따라 서술의 맥락에 비추어 볼 때 그 작업들의 철학적이고 윤리적인 포부가 더 잘 드러날 것이고, 사람들이 그 속에서 기꺼이 지적해온 난점과 모호함들이 틀림없이 사라질 것이라고 나는 희망하고, 거기에 온 힘을 쏟고자 한다.

오늘날 아렌트식 비평은 아렌트의 아리스토텔레스주의와 칸트주의를 하이데거의 플라톤주의에 대치시키는데, 아렌트의 근거 없이 주장되는 정치적 불합리가 하이데거의 정치적 사유 때문이 아니라고 할 때도 그렇게 한다! 나는 이처럼 서로 상반되지만 똑같이 도식적인 독법에 대해서 논의할 것이다.[1] 기실 아렌트는 하이데거식의 형이상학 해체Abbau의 기법을 가져왔을 뿐 아니라, 스탐바우흐Stambauch의 번역에 따르면 그의 폭로Erschlossenheit, 드러남Unverborgenheit, 그리고 개방성Offenheit과 그의 유한성에 대한 강조, 우연성, 그리고 인간 자유의 내적 구조들로서의 무세계성 등을 가져왔다. 하지만 그녀는 그런 것들을 그 실존적 맥락으로부터 분리시켜서 정치적 배경으로 이식시킨다. 하지만 이것은 정확히 그녀가 니체와 하이데거를 깊이 이해한 이후에 이룬 아리스토텔레스와 칸트의 재독해로써 아렌트를 이러한 전유와 변경에로 이끈 관점이다.

그녀는 『니코마코스 윤리학』Nicomachean Ethics을 읽고서 『인간의 조건』에서 *포이에시스poiēsis*, 즉 *작업production* 활동을 *프락시스praxis*, 곧 *행위action* 활동과 구분한다. 아렌트는 우리

---

1) 특히 Dana R. *Villa, Arendt and Heidegger: The Fate of Polotical*(Princeton: Princeton University Press, 1996)를 보라. 이 책은 아렌트가 하이데거 철학에 지고 있는 빚을 꼼꼼하게 입증하는데, 그녀가 특별한 정치적 맥락 안에서 개인적인 태도 속에 체화하고 있다는 것을 보여준다.

에게 작업 활동의 내적 한계들에 대해 경고한다. 노동과 '작업들' 또는 '생산물'은 인간 경험의 유연성을 우리가 주어진 '목적'end을 위해 '수단'means으로 '사용하는'use '대상들'objects로 '물화시킨다'reify는 것이다. 인간 조건이 굴복하는 이 물화物化와 실용주의의 씨앗들은 이미 이해한 *작업poiēsis* 안에 내재해 있다. 다른 한편, 그 반대로 '한 현현의 장소'space of appearance 또는 '공적 영역'public space으로서의 *폴리스polis* 안에서는 작업(*fabrication*)이 아닌 '인간 존재의 가능성'으로서의 행위*praxis*가 전개된다. 아리스토텔레스의 *에네르기아*energeia(현실태, actuality) 관념 안에서 개념화된[2] 프락시스는 어떤 특별한 목표goal(*ateleis*)를 지향하지 않는 활동들을 포함하고, 어떤 생산된 작업*par'autas erga*도 뒤에 남기지 않는다. 대신에 '그 자체로서 온전히 의미 있는 행위 안에서 고갈된다.'

---

2) Aristotle, *Nicomachean Ethics*(1094a 1-5), *The Complete Works of Aristotle*, ed. Johathan Barnes(Princeton: Princeton University Press, 1984), and other texts. Cf. Arendt, *The Human Condition*, p.206.

아렌트가 호머의 트로이 사람들과 헤로도투스와 투키디데스 속에서 그 모델을 찾는 *폴리스*는 행위를 위한 최적의 장소다. 폴리스는 법에 근거해서 세워진 로마시의 경우처럼 하나의 물리적 장소에 불과하지만, 그와 더불어 '함께 행위하고 말하는 일을 통해서 생겨나고'[3], '그들이 나에게 나타나는 한 나도 다른 사람에게 나타나면' '어디에서고 어느 때든지' 현현되는[4] '시민들의 기구'다. 그러므로 *사이에—존재하는*inter-esse, 또는 '둘 사이'between-two의 장소로서 그러한 정치적인 형태는 '행위와 말'action and speech 이외의 다른 것 위에 세워지지 않고, 그중 하나가 없이는 다른 하나가 존재할 수 없다. 어떤 말인가?

하이데거의 가르침에 충실한 아렌트는 그 실체가 언어인 시야말로 바로 그 사실로 인해서 '가장 인간적인 예술'the most human art이고, 그것을 촉발하는 사고에 가깝다고 강조한다. 시

3) Arendt, *The Human Condition*, p.198.
4) Ibid.

는 그러므로 물화되지 않으며, 실용주의적 대상이 되지 않는다. 아주 '농축되어 있고', '기억들'을 향하면서 시는 언어의 본질을 실현한다. 그러나 다른 한편으로 시는 가장 덜 세상적이고, 사이-존재를 존중하면서 배경에 머물러 있다. 이 시적 언술은 폴리스 안에서 그 영웅들의 고결한 덕목을 드러내기 위해 어떻게 자신을 드러내는가?

'사람들 관계의 연결' 속에서 말을 떠받치고 지탱하는 것은 *프로네시스phronēsis*, 실천적 지혜 또는 신중함, 아니면 판단하는 기민함인데, 그것은 *소피아sophia*인 이론적 지혜와 구별된다. 우리는 '당신은 누구인가?'라는 질문에 답할 수 있는 담화와 *어휘lexis*를 발견할 필요가 있고, 이 질문은 모든 새로 온 사람들에게 그들의 행위와 말과 관련해서 암암리에 제기되는 질문이다. *이야기narrative*가 그 역할을 이행할 것이고, 역사history를 동반하는 창작 이야기이다. 아리스토텔레스를 해석하는 데 있어서 아렌트는 이 두 가지 서사(story/history)를 특화하는 방식을 제안하는데, 이것은 곧 그 태생에서부터 서사성에 관한 형식주의적 이론들이나 폴 리쾨르의 이론들과는 다른 방식이다.

참된 역사와 창작 이야기 사이의 불일치는 암묵적으로 인정된다. 그리고 우리 이론가 아렌트는 그녀 도시의 그리스적 모델들 속에서 그들 영웅적 업적의 유일성에 우선적으로 특별한 가치를 둔다. '반신'半神, demi-god일 필요 없이 호머적 *영웅hērōs*은 그의 고유한 차이를 드러낸다. 그러나 그 차이는 결코 배타적이지 않은데, '모든 자유인은 그것이 가능하기' 때문이다.[5] *폴리스*의 현현 장소는 그렇게 모든 사람에게 '고유한 용기'를 보이라고 요청하는데, 그 용기란 '행위하고 말하는 것에 대한 동의' 이외의 다른 일이 아니고, 자신의 안전한 피난처를 떠나서 다른 사람에게 자신을 드러내고, 그들과 함께 '드러남을 감행하는 일에 준비하라는' 것이다. 이것이 '계시'를 위한 첫 번째 정치적 조건일 것이다. 내가 *누구who*인지를 드러내라는 것이지 *무엇what*인지를 말하는 것이 아니다. 그다

5) Ibid., p.186n.

음으로, 고통스러운 경쟁의 시험 속에서 내가 다른 사람에 대해서 *누구*인지(I am)가 매겨지고, 그러한 경쟁 속에서 그 뛰어남이 드러나는 것이다. 그런데 뛰어남은 승리에 있다기보다는 행위의 동기들이나 결과들에 의해서 매겨진다. 그것은 '위대함'(*megethos*) 안에 있는 것이다.[6] 이것은 정치적 인정과 찬사의 문제인데, 무엇이 모든 평범한 것으로부터 구별되는 뛰어남과 특별함인지를 규정하는 것은 인간적 관계들의 그물망 속 일이기 때문이다.

우리는 *행위자*actor 자신이 그 위업이 아무리 뛰어나다 하더라도 홀로 영웅적 행위를 구성하는 것은 아니라는 것에 주목한다. 영웅적 행위란 그것이 오직 기억될 만한 것이 되는 한 그렇다. 우리는 이 기억을 어디에서 발견하는가? 관건이 되는 이야기를 완성하는 것은 *관객들*spectators이며, 그들은 그것을 *행위*act 다음에 따라오는 *사유*thought를 통해서 그렇게 한다. 이것

---

6) Cf. Aristotle, Poetics (1450b.24), quoted in Arendt, *The Human Condition*, p.205n.

이 *환기된 기억*evoked memory을 통해서 일어나는 완성인데, 그것이 없이는 이야기할 것이 아무것도 없다. 한 폴리스를 기억과 또는 역사/역사들을 창조하는 조직체로 만드는 것은 행위자가 아닌 사고와 기억이 가능한 관객들이다.

이것이 바로 아렌트 사유의 핵심에 놓여 있다. 즉, 참역사가 서술된 역사가 되기 위해서는 두 가지 나눌 수 없는 조건이 있다는 것이다. 먼저는 두 번째 조건이 그 사이 안에서 그리고 사이를 통해서 실현되는 *사이에 있음*inter-esse의 존재이다. 이야기의 운명은 우리가 때때로 기억의 해결 논리를 거기서 살아진 *과거의 사실*ex post facto로부터 분리된 것으로 보는 '사이'in between에 달려 있다. 오직 이 조건들에서만 '사실'fact은 '주제'plot를 언어화하는 일을 통해서 '공유할 수 있는 사유'shareable thought로 드러날 수 있다.

아렌트는 현대 문화의 위기를 '망각의 위험'으로 낙인찍으면서 이야기의 근저를 이루는 *기억*memory으로 대변되는 '인간 실존의 깊이 차원'에로 되돌아온다.

> 비극은 … 물려받거나 질문하거나, 사고하거나 기억하는 마음이 없다는 것이 드러났을 때 시작되었다. 문제의 요점은 *발생된 모든 사건이 그 이야기를 말하고 의미를 전하기로 되어 있는 사람들의 마음속에 반드시 있어야 하는 '완성'*completion *이라는 개념*이 그들에게서 발견되지 않았다는 것이다. *행위 후에 이 사유에 의한 완성* 없이, 기억에 의해 완성되는 명료화가 없이는 간단히 말해 서술될 수 있는 이야기가 남아 있지 않았다는 것이다.[7]

그러므로 아렌트는 이 산 역사와 구술되는 역사 사이의 불일치를 지적하면서 서술 기술에 있어 이야기의 핵심적인 것은 이야기 내부의 결속을 구성하는 데서 찾아야 한다고 생각하지 않는다. 그녀는 그러한 아리스토텔레스적 이론의 '형식적'이거나 '형식주의적'인 측면을 충분히 인식하는데, 그것은

---

7) Hannah Arendt, 'The Gap between Past and Future', *Preface to Between Past and Future: Eight Exercises in Political Thought* (New York: Viking, 1968), p.6. 강조는 첨가되었다.

미美가 위대함(*megethos*)을 요청하는 만큼 그렇게 여러 다양한 부분들(*taxis*)의 통합을 요구한다는 것이다. 하지만 그녀는 구술의 기술적인 측면에는 거의 주목하지 않고 『니코마코스 윤리학』에 더 가까이 집중한다. 이 텍스트에 따르면 목격자 이야기에서 특별히 중요한 것은 가장 먼저 '마침 또는 종결의 순간'을 인식하는 것이고, 두 번째로는 그 이야기의 '주인공을 식별하는' 일이다. 서술의 기술은 행위를 하나의 본보기가 되는 순간으로 응축하는 일이고, 그것을 지속적인 시간의 흐름으로부터 추출해내는 일이며, *누구who*인지를 드러내는 일이다. 그는 아킬레스이고, 그의 공적은 간명하다 — 이것이 한 좋은 이야기가 말해주는 것이다. 이야기의 간명성 자체가 계시의 가치를 결정하는데, 왜냐하면 *누구인가who*가 드러나는 일은 신탁과 같은 방식으로 이루어지기 때문이다. 그것은 헤라클레이토스가 말한 대로, 신탁은 '말하지도 감추지도 않지만 표징을 만든다'고 한 것과 같다. 이 표징은 아주 응축된 것이고, 불완전하며, 단편적이다. 그것은 끝없는 해석 행위를 불러일으킨다.

이렇게 인간관계의 네트워크 안에서 구성되었고, 정치적 *사이에 있음*inter-esse을 위해서 마련된 이야기는 근본적으로 행위 안으로 통합되고, 오직 그 자체가 행위가 됨으로써만 그의 핵심 논리를 드러낼 수 있다. 즉 자신을 드러내고, '드라마'와 '연극'과 자신을 '연기'하는 일로 행위하는 것을 말한다. 오직 이 방식에서만 *신화*muthos가 *현실태*energeia로 남아 있을 수 있다. 왜냐하면 그것이 계시로 남아 있고, 또한 구상에 의해서 경직되지 않기 위해서는 연기로 공연되어야 하기 때문이다. 정태적 *모사*mimēsis에 반대하면서 아렌트는 최상적 구술의 *활동 방식*modus operandi으로서의 연극적 몸짓 행위에 호소한다.

고대로부터 가톨릭 전례까지 흔히 *살아 있는 말*living word이라고 불리는 이 *연기된 이야기*acted narrative가 서로 공유할 수 있는 특수성들로 이루어진 정치적 공간을 위해서 서구 문명프로젝트를 사로잡아 왔다. 하지만 우리는 아렌트가 정치적 목적을 가지고 오늘 시대 문화적 위기의 한가운데에서 그 아이디어를 되찾은 공로를 인정해야 한다.

행위와 말의 특별한 계시적 성격, 또한 행위자와 화자의 암묵적인 현시는 행위함과 말하기의 살아 있는 흐름과 불가분 연결되어 있어서 그것은 오직 일종의 반복과 모방 또는 *모사mimēsis*를 통해서만 재현되고 구체화될 수 있는데, 아리스토텔레스에 따르면 모방 또는 모사는 모든 예술에서 우세하지만 진정으로 오직 *드라마drama*에 적절하고, (그리스어 동사 *dran*, 즉 '행위하다'로부터 나온) 바로 그 이름이 행위하기를 연기하다(play-acting)라는 것이 진정으로 행위의 모방(an imitation of acting)이라는 것을 지시해준다.[8]

행위하고, 보고, 회상하고, 이야기를 통한 기억을 완성하는 것, 그것이 아렌트에게서 진정한 정치적 구술을 구성하는 *주인공who*의 현현을 위해서 고귀한 길인 것 같다.

그것은 순수 사유의 *이론적 삶bios theōrētikos*도 아니고, 순수시의 고독한 계시도 아닌, 오히려 도시(국가)의 구술된 행위들

8) Arendt, *The Human Condition*, p.187.

에 대한 성찰이다. 자주 토론되지만 매우 모호한 아리스토텔레스의 언술 속에서 아렌트는 정치적 전망들로 이루어진 공동체 영역을 발견하는데, 그 영역은 전前 또는 후後 이론적인 방식으로 사람 자체나 그의 사멸성이 아니라 대신에 살아 있는 존재들을 불멸하게 하는 구술된 행위의 능력을 찬탄하는 공간이다. 아렌트는 다음과 같이 논한다.

> 아리스토텔레스의 유명한 구절, '인간적 일을 생각할 때 그가 누구인지, 사멸적인 일 속에서 필멸적이라는 점을 생각하지 말고, 오직 그들이 불멸의 가능성을 가졌다는 지경까지 확장해서 생각해야 한다'[9]는 말은 그의 정치 저술에서 매우 적절하게 등장한다. 그것은 그리스인들에게 폴리스가 그렇듯이 로마인들에게 *공적 영역res publica*으로서 무엇보다도 개별적 삶의 무용성無用性에 반反하는 보장이고, 불멸성은 아니라 하더라도 사멸

9) Aristotle, *Nicomachean Ethics*(1177b.31), in *The Complete Works of Aristotle*, ed. Johathan Barnes, 2:1862.

적 존재의 상대적인 지속성을 위해 마련된, 무상성으로부터 보호된 영역이다.[10)]

'한 사람'one은 정치적 영역 안에서 행동하는 '*누군가*' who가 됨으로써 기억에 남을 이야기가 되어서 스스로를 불멸의 존재로 만든다.

왜 행위를 상세히 언술하는 말하기가 이러한 특권적 위치를 점하는가? 그것은 먼저 *시작*beginning을 촉발하는 능력으로서 개인의 인간 조건이 현실화되는 것은 행위 안에서 있기 때문이다.[11)] '행위와 말의 생생한 흐름'이 *모사*mimēsis 속에서 '주제'plot를 통해서 드러나는데, 아리스토텔레스에 따르면 그 모사는 한 동떨어진 인격을 지시하는 것이 아니라 오히려 '행위의 모방'이라고 아렌트는 강조한다. 플라톤에게 있어서 모사는 겉모습에 노예처럼 사로잡히게 하고, *소피스트*들은 '주제'

10) Arendt, *The Human Condition*, p.56.

11) Ibid., pp.175-81.

나 *신화*muthos는 유치하다고 거부하지만[12], 아리스토텔레스는 비극을 탐구하면서 주제 안에서 또 다른 것인 *행위의 모사* mimēsis praxeōs를 발견한다. 인물들은 여기서 '그렇다고' 구체화되지 않는데, 왜냐하면 '모사하지 않는' 코러스가 그들에 대한 해설을 제공하기 때문이고, 그 해설은 *분별력*phronēsis(지혜)을 통해서 *교만*hubris(절제의 부족)에 대해 답하는 것이다. 더 나아가서 '작곡이나 극작'은 오직 그것이 무대에 올려질 때 현실화되고, 그래서 연기되는 모방을 불러온다. 그러므로 그것은 인생의 행보와 공적 지혜에 언어를 마련해주는 연기를 위한 것이다. 아리스토텔레스는 다음과 같이 썼다.

> 비극은 본질적으로 모방인데, 인물들의 모방이 아닌 행위와 삶 bios, *행복*eudaimonia의 모방이다. 모든 인간의 행복과 불행은 행

---

12) '그들은 우리들을 마치 각자가 자신의 할 이야기를 가지고 있는 어린아이들처럼 대우하려는 태도를 취한다.'(Plato, *The Sophist*[242c], trans, A.E. Taylor[London: Thomas Nelson and Sons, 1961], p.135)

위의 형태를 띤다. 우리가 사는 목적은 어떤 종류의 활동이지 질이 아니다. 인물character은 우리에게 그들의 성격ethos 덕분에 자질들을 부여한다. 하지만 그들이 *신들eudaimones*인 것은 그들의 *행위praxis* 때문이거나 또는 그 반대다. 그러므로 극에서 그들은 인물들을 그리기 위해서 행위하지 않는다. 그들은 행위를 위해서 인물들을 포함시킨다. 그리하여 그 안에서의 행위, 즉 그 주제가 비극의 목적이자 의도이며, 어느 곳에서나 목적이 중심체다.[13]

말해진 행위에 의한 계시의 원형은, 우리가 보았듯이, 행위를 말하는 것으로의 *드라마drama*다. 아렌트는 위에서 이미 인용한 다음의 문장으로 아리스토텔레스에 대한 자신의 암묵을 요약한다. '그것이 또한 연극이 최고의 정치적 예술인 이유이다. 오직 거기에서 인간 삶의 정치 영역이 예술로 치환된다. 마

---

13) Aristotle, *Poetics*(1450a, 15), in The Complete Works of Aristotle, 2:2320.

찬가지로 연극만이 그 유일의 주제가 다른 사람과의 관계 속에 있는 인간을 유일한 주제로 삼는 예술이다.'[14]

이 개념은 아렌트가 하이데거에게서 발견한 다음과 같은 시적 언술의 계시적 힘에 대한 전망을 거부한다. '그러나, 사유는 시 짓기다 … 사유는 존재의 진실이 명령하는 것을 말한다. 그것이 원래의 *받아 쓰기*dictare다. 사유는 최초의 시다.'[15]

그런데도 아렌트는 그의 가설적인 순수성을 재확립하기 위해서 아리스토텔레스에게로 순진하게 돌아오지 않는다. 니체와 하이데거를 읽은 사람으로서, 그리고 그들이 이어온 형이상학 해체에 주목하면서, 그녀는 오로지 이미 니체와 하이데거가 행위와 행위의 자유, 그리고 그것의 실용적인 난국에 대해 고려하면서 제기했던 질문들에 반향하고, 그것들을 발전시키고자 *분별력*phronēsis과 구술되는 행위로 돌아온다. 그것은

---

14) Arendt, *The Human Condition*, p.56.

15) Martin Heidegger, 'The Anaximander Fragment,' in *Early Greek Thinking* (New York: Harper and Row, 1975), p.19.

그녀의 선임자들과 그녀 자신에 이어서 공유할 수 있는 세계의 작은 섬들을 세우려는 것이다.

이러한 아렌트의 『니코마코스 윤리학』이나 『시학』에 대한 참조는 하이데거의 아리스토텔레스에 대한 초기 독서가 그를 1924년 *소피스트The Sophist* 강의에로 이끌었다는 점에 주목하면서 읽혀야 한다. 아렌트는 그 강의에 참석했었다. 아리스토텔레스를 읽음으로써 하이데거는 후설의 실천적 현존에서의 의식의 우선성에 반대했고, 그의 실존 분석(기초존재론의 첫 부분)을 성립시킨 것이 자주 드러났다. 그러나 이 하이데거식 독해가 아리스토텔레스 사유의 어떤 본질적인 특질을 변형하고, 경화시켰을 뿐 아니라 망각하게 했다는 것은 자주 보여지지 않았다. 그러므로 하이데거는 아리스토텔레스의 *제작과 행위poiēsis/praxis*(fabrication/action) 사이의 구분을 염두에 둔 것 같다. 그가 세운 *환경Umbelt*과 *세계Welt* 사이의 구별은 아리스토텔레스의 분리에 대한 반향으로 볼 수 있다. 그런데도 *행위praxis*에 더해진 지혜는 아리스토텔레스에게 있어서 *분별*

*력*phronēsis, 신중함 또는 판단하는 명민함이다. 바로 이 지점이 우리가 하이데거식 변형을 발견하는 곳이다: 이 *분별력*phronēsis이 '인간관계의 네트워크'를 향하기보다는 존재Being를 향한 지향이라는 의미에서 *소피아*sophia로 대치된다.

참으로 아리스토텔레스로서는, 플라톤과의 논쟁 속에서 소*피아*sophia를 덧없는 인간사에 적용시킬 수 없다. 인간사는 정적인 지식으로는 파악할 수 없으므로 동시에 지적이고, 정서적이며 또한 도덕적이고, 특별한 전문가만이 아니라 모두가 지니고 있는 능력을 요구한다. *분별력*은 우리가 *폴리*스라고 알고 있는 드러남의 공간 내부의 다면적 성찰 안에서 전개된다. 아리스토텔레스는 오직 정신적 삶만이 '우리 모두 안에 있는 어떤 신적神的인 것'을[16] 드러낼 수 있으므로 그 우월성을 강조하면서 *소피아*sophia, 이론적 지혜를 *분별력*prudence으로부터 구분해 내는데, 그 신중한 사리 분별이란 '인간사와 성

16) Aristltle, *Nicomachean Ethics*(1177b27ff), in *The Complete Works of Aristotle*, 2:1861.

찰 가능한 대상들'과 연관되어 있다.[17] *분별력*phronēsis은 보편적인 것만을 대상으로 하는 것이 아니라 특수한 것들도 포함하는데, 이는 '행위와 관계하고', '지식의 대상이 아니라 지각의 대상인 최종적인 특수한 것과 관계하기' 때문이다.[18] 우리는 이런 질문을 던질 수 있다: 이것은 동일한 분별력, 아렌트가 칸트의 '미적 판단'을 통해 세밀히 살펴본 판단하는 통찰력과 같은 것이 아닌가? ―아렌트가 그녀 생의 말년에 본인 정치철학의 기초로 삼았고[19], 내가 앞으로 4장에서 논의할 칸트가 아닌가 말이다.

참으로 『형이상학이란 무엇인가?』Was ist Metaphysik?(1929)와 바로 그의 총장 시절 텍스트에까지 하이데거는 플라톤의 『국

---

17) Ibid., 1141b.8-9, 2:1803.

18) Ibid., 1142a.27ff, 2:1803. 아리스토텔레스는 그런데도 그가 상관하는 지각이 '한 감각에 해당하는 질들에 대한 것이 아니라 우리가 우리 앞에 놓여 있는 한 특별한 형상이 삼각형이라는 것을 알아보는 것에 해당하는 지각'이라고 지적한다.

19) Hannah Arendt, Lectures on Kant's Ploitical Philosophy(Chicago: University of Chicago Press, 1982).

가론』Republic을 수용한다. 그는 아리스토텔레스가 보여 준 *행위*praxis의 다원성과 갈등성뿐 아니라 특히 신화, 역사 그리고 비극에서 고유한 추론적 방식까지 포기한다. 이것은 사유 안으로의 행위의 유아론적 단일화를 가져올 뿐 아니라, 공적 영역에서조차 *분별력*phronēsis을 대신하는 *소피아*sophia 독단론의 전위를 야기시킨다. 그러므로 공적 영역 자체가 하이데거에게 있어서는 더 이상 항상 조정되어야 하는 잠정적인 다원성이 아니라 만장일치의 한 신비한 열정으로 여겨지는데, 즉 한 유일한 사람의, 한 유일한 일인으로 여겨지는 민중의 그것으로 생각되는 것을 말한다. 더 나아가서, 존재의 사유Being's thought를 *실천 행위*praxis와 같은 것으로 해버리자마자 우리는 응집력이 강한 '학(자)적인'scientific 참여와 민중에 대한 임의적인 지배 행위로 인도된다. 그와 같은 다원성과 중용, 그리고 잠정성에 대한 극단화된 절대적 무시는 필연적으로 폭군적인 사유를 유발하고, 극단적으로는 독재적 행위와 전체주의 체제를 불러온다.[20] *전향*Kehre 이후에도 정치적인 것은 아니더라도 그의 과실들의 철학적 귀결을 보면 하이데거는, 특히 형이상학적 '학'science을 포기하면서까지, 사유가 언어에 '맨 처음 부응한다'고 할 정도로 여전히 행위를 사유에 흡수시켜 버린다. '사유는 그의 가장 내밀한 특수성 속에서 행위이고'. 그의 『니체』Nietzche에서 어느 정도 해체되었음에도 플라톤주의에 충실한 그는 아리스토텔레스적 다원성을 계속해서 무시한다. 우리

20) 현존Dasein에 대한 유아적 사고와 하이데거 총장 사태에서의 정치적 함의 사이의 연관성에 대해서는 Jacques Taminiaux, *The Thracian Maid and the Professional Thinker: Arendt and Heidegger*, trans. Michael Gendre(Albany: State Uniersity of New York Press, 1997), pp. 41-53을 보라. '그러나 [하이데거는] 아리스토텔레스의 시각으로부터 급진적으로 자신을 옮기거나 아니면 더 좋다면 그는 아리스토텔레스를 완전히 변형시키는데, 그것은 그가 존재의 사고에 *행위praxis*와 *분별지 phronēsis*로부터 분리된 역할이 아니라 이 개념들을 혼합하는 역할을 할당할 때 그러하다. 바꾸어 말하면 죽을 존재의 단호한 실존의 유한한 움직임을 존재론적으로 근거 지으려는 노력 속에서 혼합하는 역할을 말한다. 이제부터 존재를 사고한다는 것은 *행위praxis*의 유한한 시간을 사고하는 것이다. 그 결과, 존재에 대한 사유가(철학자)가 마침내 인간사에 대한 참된 심판자라는 사실이 드러난다.' (ibid., pp.44-5)

는 여기에서 문제가 된 바로 그 '특수성'의 속성에 대해서 물어야 한다. 이에 반해 아렌트는 그녀의 모든 철학적이고 정치적인 작업에서 일관되게 한편으로 플라톤적 이념들과 그것들을 사유가가 정치적 행위에 적용했을 때 확실하게 나타나는 폭군적 잠재성의 힘과 다른 한편으로는 '권위'의 개시 사이의 상반됨을 강조해 왔는데, 그 '권위'는 아리스토텔레스가 처음으로 생각한 것인바 지배 개념 위에 세워진 것이 아니라 '차이들'로 인한 '본성'nature에 근거한 것을 말한다.[21] 아리스토텔레스는 '삶의 양식'(*bioi*)의 다른 철학자이면서 위대한 사상가 중에서 가장 일관되고 가장 모순이 덜한 한 사람이다. 우리는 아렌트가 현대 세속주의를 넘어서 다시 세우려고 하는 이 *다른* *other* 권위에 합당한 담론은 참으로 단순하게 *이야기*narrative라는 것을 잊을 수 없다.

이러한 하이데거를 거쳐서 아리스토텔레스에게 빠르게 돌

21) See Hannah Arendt 'What Is Authority?' in Beteween Past and Future: Eight Exercises in Political Thought, pp.115-20.

아오는 것이 아렌트가 암묵적으로 예전 마브르크 시절 선생과 더불어 자주 그 이름을 거론하지 않고 이끌었던 논쟁을 이해하는 데 필요했다. 그 논쟁은 '아이러니'하다고 평가되지만, 그러나 진정으로 플라톤적인 *대화dialogue*와 *치환displacement*의 의미에서이지 결코 볼테르적인 조롱이나 캐리커처의 평가절하가 아닌 방식으로 이루어졌다. 아렌트는—그녀는 하이데거가 그녀의 책을 읽고 거론하는 것을 거부하는 것에 비통해했는데—, 그러나 그에 대해서 종종 그녀가 키케로를 인용하면서 플라톤에 대해서 말했듯, '나는 천국 앞에서 플라톤과 함께 길을 잃는 것을 그의 반대자들과 더불어 진실한 시각을 갖는 것보다 더 선호한다'는 말을 했을 수 있다.[22)]

---

22) Hannah Arendt, 'The Crisis in Culture: Its Social and Its Political Significance,' in Beteween Past and Future: Eight Exercises in Political Thought, p.223. 우리는 아렌트가 레싱에 대해서 다음과 같이 서술할 때 그녀를 생각한다. '레싱의 생각은 … 논쟁적이지 않다'('On Humanity in Dark Times: Thoughts about Lessing,' in Men in Dark Times [New York: Harcourt, Brace and World, 1968] p.10).

이러한 아리스토텔레스 다시 읽기와 더불어 아렌트는 행위 *와*and 말 사이의 파기할 수 없는 연결 고리를 정리하기 위해서 성 어거스틴에게로 향하는데, 그것은 — 시적 언어를 넘어 또한 그에 더해서 — 인간의 다원성을 '유일무이한 존재들'의 역설의 다원성으로 만드는 '유일한 개별성'의 최고 현시일 것이다. '말과 행위로 우리는 우리 자신을 인간 세상에 끼워 넣는다. 그리고 이 끼워 넣기는 제2의 탄생과 같은 것으로서 거기서 우리는 우리 본래의 물리적 현현의 적나라한 사실을 책임진다.'[23] 그래서 하이데거가 언어의 개시 속에서 자아의 고행을 정화한다고 밝힌 사멸적 존재의 엄숙함은, 아렌트에 의해서 그렇게 밝지는 않지만 덜 삭막한 계승, 오직 새로 오는 자의 놀라운 탄생으로 쫓겨날 때만 사라지는 *단명한 낯선 자* *ephemeral strangers*의 계승으로 변환될 것이다.

인간 행위는 모든 엄격히 정치적인 현상들처럼 인간 다원성과

23) Arendt, *The Human Condition*, pp.176-7.

> 밀접히 연결되어 있다. 그 다원성이란 탄생성의 사실에 근거하는 한 인간 삶의 근본적인 조건 중 하나이며, 그것을 통해서 인간 세계는 끊임없이 이방인, 새로 온 자에 의해서 침노당하고, 이들의 행위와 반응들은 이미 거기에 있었고 곧 짧은 시간 안에 떠날 사람들에게는 전혀 예측될 수 없다.[24)]

이제 우리는 왜 '행위와 말'act and word을 연결하는 두 가지 특성(헤로도토스와 투키디데스에서는 인간 다원성에 대한 기억으로, 그리고 성 어거스틴에서는 개인적 고백으로 파악)의 *역사적 설명historical account*이 아렌트에 의해 그렇게 고결한 개념으로 여겨졌는지를 더 잘 이해할 수 있다. 그것은 이야기가 행위의 기억이기 때문인데, 여기서 행위는 그 자체가 하나의 탄생이고, 또한 공적 영역에서 끊임없이 새로 시작되는 이절성이며, 그의 존재론적 가능성들이 우리 탄생의 처음 사실에 근

---

24) Hannah Arendt, 'The Concept of History: Ancient and Modern,' in *Between Past and Future: Eight Exercises in Political Thought*, p.61.

거 된 것이다. 반대로 『존재와 시간』*Being and Time*은 오직 한 번만 나중의 신화, 쿠라의 우화[25)](카이우스 율리우스 히기누스의 것으로 로마에서 아우구스투스 시대에 쓰여졌고, 두 번째 『파우스트』Faust를 쓰면서 거기에 고무된 괴테에게 헤르더가 보내준 것)를 일깨운다. 『존재와 시간』은 투키디데스를 피상적이라고 간주한다. 하이데거는 *말*words뿐만 아니라 특히 *문법*grammer은 존재 안에서 존재자를 파악하는 능력이 부족하다고 지적하면서, 오직 '개념들의 복잡성'과 '표현의 견고성'만

---

25) Martin Heidegger, *Being and Time*, trans. John Macquarrie and Edward Robinson (London:SCM, 1962), p.242.
쿠라의 우화는 로마 작가 히기누스가 전한 것으로 여신 쿠라가 점토로 형상을 만들고, 주피터는 그 형상에 혼을 넣어주었다. 그러자 텔루스가 점토로 만들었으니 그 형상에 자기 이름을 붙여달라고 나섰고, 삼자 간에 다툼이 일어났다. 심판관 사투르누스가 주피터는 혼을 주었으니 그 형상이 죽을 때 혼을 받아 가고, 텔루스는 몸을 주었으니 몸을 받아 가며, 그 형상을 만든 것은 쿠라이니 살아있는 동안은 쿠라의 것으로 하라는 판결을 내렸다. 쿠라가 만든 것이 바로 인간인데 점토를 뜻하는 후므스·호모이고, 인간은 염려를 안고 살 수밖에 없다는 우화이다. : 옮긴이

이 처방일 수 있다고 믿는다. 철학자 하이데거는 그것들이 플라톤과 아리스토텔레스의 '존재론적 구절들'ontological passages 속에 나타난 것에 주목하는데, 그는 이 존재론적 구절들을 투키디데스의 '서사적 구절들'narrative passages과 후자에게 불리한 방식으로 비교한다.

여기서 아렌트는 그녀의 선생과는 달리 투키디데스가 전한 대로 '추도 연설에서의 페리클레스의 유명한 말'에 근거해서[26] '연극'과 '증언'을 찬양하는데, *폴리스polis*가 기억할 만한 *이야기narrative*를 통해서 영웅의 영광을 창조하고, 그리하여 '모든 바다와 땅을 그들 대담함의 배경이 되게 하는 사람들'은 '호머도, 또한 말들을 전환시킬 줄 아는 어떤 사람'도 필요로 하지 않는다.

> *폴리스*의 형태 속에서 함께 하는 사람들의 삶은 인간 활동에서

---

26) Thucydides, *The Peloponnesian War* II.41, ed. T.E. Wick (New York: The Modern Library, 1982), pp.110-11.

> 가장 헛된 것인 행위와 말, 그리고 인간이 만든 '생산물' 가운데서 가장 덜 확실하고 최고로 덧없는 것인 그것들의 결과물로서의 행적과 이야기가 불멸할 것임을 증명하는 것 같았다.[27]

우리는 아렌트가 사고와 행위 그리고 시적 언어를 동질화시킨 하이데거의 '전향'The Turning에서의 구절을 통해 이어 나가는 암묵적 대화를 거의 들을 수 있다. 만약 사유가 *소피아sophia*라면, 정치적 행위가 그것을 동반한다. 아렌트는 본질적으로 그렇게 말하는데, 그러나 특히 그것을 살아 있는 자들의 다원성 속에서 서로 나눌 수 있는 *분별력phronēsis*으로 변형시킨다. *본질적으로 정치적 사유가 실현되는 것은 이야기narrative를 통해서이지 (그런데도 연극에서 그 수단과 도구인) 언어language 안에서가 아니다.* 이야기가 재현하는 구술된 행위를 통해서 사람들은 삶에 화답하거나 인간 삶이 어쩔 수 없이 정치적 삶이라는 정도로 삶에 속한다. 이야기는 그 안에 사람이 사는 최

27) Arendt, The Human Condition, pp.197-8.

초의 차원이고, 한 *생애*bios — 동물적 삶zōē의 것이 아닌 — 의 크기이며, 정치적 삶과 또는 다른 사람들에게 상세히 말해지는 행위다. 인간-삶의 첫 교류는 이야기다. 이야기는 가장 직접적으로 공유된 행위이고, 그런 의미에서 최초의 정치적 행위이다. 마침내는, 그리고 바로 이야기 때문에, '최초' 자체가 해체되고, 이야기하기의 무궁함 속에서 '낯설음' 속으로 흩어진다. 그러므로 아렌트의 이야기 개념은 하이데거가 존재를 본질화하고 — 초기화하며 — 이성화시키는 것에 대한 급진적 대답이다. 짧게 말하면, 아렌트의 이야기 개념은 하이데거 존재와 그의 시적 언어의 면밀한 해체다.

3

20세기를 이야기하기

좀 더 구체적으로, 그리고 20세기 작가들 사이에서, 아렌트는 동시대인들에게는 감추어져 있지만 그들 픽션을 통해서 20세기의 뜻을 드러내는 역사적 행위의 관찰자들인 소설가들을 택한다. 그녀가 자신의 텍스트에서 그렇게 자주 인용하는 시인들(그녀의 친구들인 랜달 자렐Randall Jarrel과 로버트 로웰Robert Lowell, 그리고 릴케Rilke, 예이츠Yeats, 에밀리 디킨슨Emily Dickinson, 위스턴 휴 오든W. H. Auden, 만델스탐Mandelstam, 발레리Valēry 또는 르네 샤르Renē Char)은 그들 표현의 기교 때문이 아니라 그들이 널리 알리는 이야기의 지혜 때문에 그러하다. 그들 중 몇몇의 구술적 용감성도 또한 다른 이들의 문체의 고유성도 아렌트가 주목하는 핵심이 아니다. 그녀는 '이야기 주제들'에 더 관심을 두는데, 한 역사적 경험의 목격자 이야기를 집약하거나 또는 비유적으로 표현하는 짧은 이야기 진행들에 주목한다.

인내와 열정을 가지고 읽은 마르셀 프루스트는 스왕, 샤를리스, 그리고 게르망트를 *통해서through* 드레퓌스 사건 이전과 이후 프랑스 살롱에서 전형적이었던 본질적으로 반유대적인 친유대주의를 그린다. 아렌트의 인용 기술은 『잃어버린 시간을 찾아서』The Remembrance of Things Past에서 프루스트가 영향을 끼친, 동화된 유대인뿐 아니라 다른 '가문들', 진정 프랑스 사회의 전체를 묘사하며 영원한 명성을 부여하는 '강력한 인상들'superimpressions의 하나를 발견한다. '문제는 햄릿의 경우처럼 존재냐 또는 비존재냐가 아니라, 속하는가 아니면 속하지 않는가 하는 것이다.'[1] 아렌트는 '유대교'Judaism가 '유대적인 것'jewishness이 되는 세속화 과정이 이름 속에서 '소속'belonging(또는 '그들 중의 하나됨') 대신에 '자기동일성'identity(또는 '존재')을 포기하는 것이고, 또한 세속화 과정이 쇼아(홀로코스트)와 같은 사악한 결과까지 불러왔다는 것을 드러내 주면서 해석한다. 왜냐하면 20세기 유럽 유대인에게 있어서 '유대적

---

1) Marcel Proust, 'Cities of the Plain,' Part 2, chapter 3, in *Remembrance of Things Past*, 아렌트의 *The Origins of Totalitarianism*, Part 1, 'Antisemitism,' p.84. 또한 Julia Kristeva, *Le Temps sensible* (Paris: Gallimard, 1994), pp.190-203을 보라.

기원은, 어떤 종교적이거나 정치적인 함의 없이, 어디에서나 하나의 심리적인 자질이 되면서 "유대적인 것"jewishness으로 바뀌었고, 그로부터 오직 덕이나 악덕의 범주에서만 고려될 수 있었기 때문이다.'[2)]

뉴욕 모닝사이드 드라이브 95번지의 아렌트와 블리허 아파트를 그의 커다란 사진이 장식하고 있는 카프카Kafka가 '사유하는 자아의 시간 감각'과 '과거와 미래가 서로 대항하는 싸움터'를 그리는 그Er라는 우화로 끼어든다. 아렌트는 '카프카 언어의 극단적 검약'에 대해서 평하는데, 처음에는 그것을 두 길이 그 아래에서 서로 만나는 현관protico으로 표현된 니체의 순간Augenblick에 대한 풍자에 비유하고, 이후는 다음과 같은 하이데거 은유의 해석, 즉 순간은 관객이 *보는sees* 어떤 것으로 주어지는 것이 아니라 '그 *자신이 지금himself is* 현재인 사람에 의해서 보일 것'에 연결시킨다.[3)] 아렌트의 독서는 카프카, 니

2) Arendt, The Origins of Totalitarianism, Part 1, 'Antisemitism,' pp.83-4.
3) Arendt, *The Life of the Mind*, 1, Thinking, pp.203-4.

체, 하이데거 … 그리고 그녀 자신의 이야기를 포괄하는 진정한 문학적 모자이크를 이루었기 때문에 그녀는 그녀 언어에서 자기 세기의 사유와 역사를 위한 '싸움터'가 된다.

초기의 카프카 연구(1944)에서[4] 아렌트는 처음에는 그 저자의 '스타일의 부재', *원문대로 하면* 즉 '딱딱할 정도로 말에 대한 애정의 부재'에 대해서 기뻐한다.[5] 분명히 우리 비평가 아렌트는 '모든 실험법과 모든 매너리즘'을 혐오하지만, 그러나 그렇다고 해서 그녀는 카프카 저술의 도식 연구에서 그 적정성이 돋보이는 두 가지 관찰을 그만두지는 않는다. 아렌트는 카프카 영웅들이 그 안에 잡혀 있는 '세상의 비천함'은 정확히 그 신성화와 풍족성, 신적 필요성을 드러내는 것으로 이루어져 있다고 확언한다.[6] 이 '비천함', 그리고 '신적인' 것은 무

4) Hannah Arendt, 'Franz Kafka,' in *La Tradition cachée: le Juif comme paria* 숨겨진 전통: 이방인(패리아) 같은 유대인 (Paris: C.Bourgois, 1987), pp.96-121.

5) Ibid., p.97.

6) Ibid., p.103.

엇인가? 그러나 무엇보다도, 또한 문학과 계속 관계하면서 그녀는 카프카에서 나타나는 '인간적 자질이 결핍된 추상적 특성'을 세계가 마치 그 안에서 기계처럼 작동하고, 주인공이 그것을 파괴하고자 하는 관료주의 세계에 대한 단순한 성찰로 해석하지는 않는다. 아렌트에 따르면 카프카는 우리가 부르주아 소설들에서 알고 있는 것과 같은 사실적 인물들을 출연시키지 않는다. 오히려 '모형들'models인데, 그것은 작가의 관심을 끄는 것이 그들의 '현실'reality이 아니라 '진실'truth이고, 이 진실은 '느낀 경험들의 것이라기보다는 사고 과정의 결과'인 것이다.[7] 카프카는 느끼는 것을 생각하기 때문에 자연주의 소설가라기보다는 사유가로서, 우리가 거기서 인물들을 발견하기를 기대하였을 사고의 도식을 추적한다.

슈테판 츠바이크Stefan Sweig의 '자서전'에서 아렌트는—라헬의 삶에서와 마찬가지로 비엔나 사회에서 그로부터 큰 모욕으로 내쳐지기 전까지—그런데도 한 유명인이 됨으로써 자신을

7) Ibid., p.114.

구별시키기를 원하는 동화 유대인의 드라마에 주목한다. 츠바이크는 유대인들의 현실에까지 도달했다. 하지만 정치적 참여는 불가능했고, 자신을 그렇게 그렸듯이 이 '파라다이스에서 쫓겨난'(expelled-from-paradise) 인물로서 자살이라는 고요한 절망을 택할 수 있을 뿐이었다. 이것은 '수치와 명예는 정치적 개념'이라는 것에 대한 비길 데 없는 증표다.[8]

그의 스타일의 특징인 '지상적 절대'와 '추상적' 음악 작곡의 헤르만 브로흐Hermann Broch, '나쁜 운수'와 결국 그를 자살로 이끄는 역설들과 더불어 '시적으로 사유하는 재능'을 가진 발터 벤야민Walter Benjamin, 그리고 드문 여성 중의 하나인 이자크 디네센Isak Dinesen, 일명 카렌 블릭센Karen Blixen이 —나탈리 샤로트Natalie Sarraute와 로자 룩셈부르크Rosa Luxemburg와 더불어 —아렌트로부터 그녀의 '어두운 시대'[9] 동안 동시대 소설가들

8) Hannah Arendt, '*Les Juifs dans le monde d'hier,*' 여기 세계 안에서의 유대인', in *La Tradition cachēe: le Juif comme paria* 숨겨진 전통: 페리아(이방인) 같은 유대인, pp.77-95.

9) Hannah Arendt, 'Isak Dinesen: 1885-1963,' in *Men in Dark Times* 어

의 아렌트적 판테온을 완성하는 명예를 얻는다.

이자크 디네센은 사실 카렌 블릭센의 존재를 그 남자 이름 아래 감추는데 —우리는 1950년대 남자아이 같은 차림의 아렌트 사진을 기억한다—, 카렌 블릭센의 생은 그 해석가의 생과 닮은 면이 있다. 아렌트의 어머니 마르타는 그렇지는 않았지만 (하지만 그녀는 로자 룩셈부르크를 알지 않았나?) 여성 참정권론자인 해방된 어머니와 아주 젊은 나이에 죽은 (카렌은 10살이었는데 반해 아렌트 아버지 파울 아렌트가 죽었을 때 아렌트는 7살이었고) 아버지의 딸로서 소설가는 (한나의 아버지처럼) 매독에 걸린 남자와 결혼했고, 이 질병(아렌트의 경우에는 아무런 관계가 없었지만)의 무서운 결과로 고통받았다. 티타냐로 불린 카렌—타냐는 공적 삶의 화려함은 여성에게는 맞지 않는다는 것을 발견한다. 그녀는 글쓰기의 덫과 특히 한 자아에 대한 진지한 이야기의 덫을 몹시 싫어하는데 —한나 아렌트처럼 그녀는 남자 이름일 뿐 아니라 히브리

두운 시대의 사람들, pp.95-109.

어로 '웃는 남자'라는 것을 상징하는 단어인 이자크Isak, 이삭를 익명으로 차용할 정도로 웃는 것을 숭앙한다. 두 여성 사이의 유비는 한 진정한 쌍둥이 같은 것인데, 데니스 핀치-해튼Denys Finch-Hatton이 티타냐의 생을 살기로 결정한 것은 그녀의 제어할 수 없고 믿기 어려운 '거대한 열정'(라헬처럼? 그리고 한나처럼?)이었고, 이야기를 들려주고, 또한 쓰고자 하는 욕망 때문이었다고 아렌트가 회상할 때 그렇게 된다. 그리고 아렌트는 모든 것을 잃고 나서야 본인의 삶을 추스를 수 있었다는 것을 우리에게 상기시킨다. 그러나 우리의 영리한 독자는 그녀의 세헤라자데[10)]가, 만약 우리가 셰익스피어를 믿어야 한다면 한 얼간이와 사랑에 빠져 있다는 것을 발견한다! 하지만 독자여 조심하라. 당신이 이 두 여인의 비교를 너무 멀리까지 밀고 나가지 않기를 권한다. 아렌트의 경우 얼간이는 누구인가? 그러나 이 짝 지움은 아렌트가 같이 나누고 있는 이자크 디네센 사유의 본질, 즉 상상 속에서 생을 다시 새기는 일 없이는 당신

10) Scheherazade는 천일야화의 여성 주인공 이름이다. : 옮긴이

은 결코 충분히 살아있는 것이 아니라는 것과 "상상력의 결핍"은 사람이 "실존하는 것"을[11] 방해한다는 생각을 강조할 때 정당화된다. 한나는 논하기를 '만약 [티타니아-이자크의] "철학"이 제시하는 대로, 어느 누구의 삶도 그 삶의 이야기가 말해질 수 없다고 여겨질 정도로 무가치하지 않다는 것이 맞다면, 그 삶은 하나의 이야기로서 살아질 수 있고, 또한 살아지기까지 해야 하며, 한 사람이 생에서 해야 하는 일은 그 이야기를 실현시키는 일이 아닐까?'[12]라고 말했다. 『인간의 조건』에서 '행위' 장의 표제어는 그것을 디네센으로부터 빌려와서 '모든 염려는 당신이 만약 그로부터 이야기를 만들 수 있고, 그것을 이야기할 수 있다면 견딜 만하다'라고 했다. 라헬부터 티타니아까지 그렇게 고리는 완결되고, 한나는 이미 (이 글은 1968년에 쓰여졌는데) 자신의 삶이 지금부터 하나의 구술된 이야기가 되는 만큼 그렇게 진실한 역사인 것을 안다.

11) Ibid., p.97.
12) Ibid,. p.105.

블릭슨-디네센의 연인은 세상을 받아들일 수 없는 사람들 중 하나였다. 극단주의자는 그들이 혁명가이든 보수주의자이든, 또는 사유가이든 범죄자이든 간에 세상을 거절하는 일에 있어서는 같은 색깔의 사람들이라고 아렌트는 말한다. 독자는 아렌트의 철학 선생, 前 나치주의자이고 고독한 시인인 사람을 생각한다. 한 반反순응주의자 여성 이야기꾼으로서 정치적 삶을 받아들이지도 않고 거부하지도 않으면서 그녀는 말하기를 통해서 행위를 위해 결정한다. 그러나 이 활발한 이야기하기 안에는 아주 많은 함정이 놓여 있다! 이 함정들이 우리 철학자를 매혹시켜서 그녀는 아주 능숙하게 이자크 디네센의 이야기를 그 소설 연구에 대한 다소 긴 결론 형태로 재구성하는 일에 착수한다.[13] 물론 아렌트는 문학을 가르치는 일에 헌신할 준비가 되어 있는 것처럼 보이기도 하는데, '만약 내가 문학 평론가라면, 나는 하늘이 브레히트의 시 속에서 연기하는 모든 중요한 부분들에 대해서 [말할 것이고], 특히 그의 얼마 안 되

13) Ibid., pp.101-9.

는 아주 아름다운 사랑의 시에 나타난 부분에 대해서는 더욱 그러할 것이다.[14] 그러나 그녀는 세헤라자데가 아니고, 문학 평론가도 아니다. '오로지' 루이-페르디낭 셀린Louis-Ferdinand Céline, 1894~1961[15]에 관심이 있는 깨어 있는 정치 관찰자일 뿐이다. 나머지 세상이 그러기 훨씬 오래전에!

진정 아렌트는 셀린의 첫 비평가였는데,[16] 왜냐하면 그녀가 보기에 이 작가는 '군중과 타협하는 엘리트들'을 보여 주기 때문이다. '이데올로기적 상상이 프랑스인들의 이성주의적 반유대주의를 완결하기 위해서 필요했다'라고 아렌트는 참으로 사

14) Hannah Arendt, 'Bertolt Brecht: 1898-1956,' in *어두운 시대의 사람들*, p.231.

15) 프랑스의 소설가이자 의사. : 옮긴이

16) 셀린이 미국 교수 밀턴 힌더스와 교신한 것은 1948년 7월과 8월이다. 이 시간에 아렌트는 1951년 그녀의 『전체주의적 기원』에서 '반유대주의' 부분에 선보일 것에 대해서 작업하고 있었다. Louis Ferdinand Celine은 Louis Destouches의 익명이다. 유명한 소설가이고 반유대주의 팸플릿의 흉포한 저자다. : 옮긴이

악한 기억인 반유대 소책자를 인용하며 쓰고 있다.[17] 그녀는 엘리트 예술가들 즉 *바우하우스Bauhaus* 같은 아방가르드들의 형식주의가 기술적인 것과 익명성에 대한 숭배를 표현하고 있었다는 것을 보여 줌으로써 이 분석을 심화하고 완성한다. 이 엘리트들은 로베스피에르Robespierre가 언명한 '인간의 위대성'을 경멸했고, '체면'과 더불어 '문명을 파괴'할 준비가 되어 있었다. '엘리트들 사이에서의 [거스를 수 없는] 위선을 벗기려는 욕구'에 '자유주의자들의 친유대주의에 반대하는 혐오'가 더해졌다고 그녀는 말한다. 이로부터 사람들은 뿌리 없는 대중들에게는 일반적이고, 엘리트들에게는 '현실감의 부족'으로 야기된 '허구적 세계'를 창조할 수 있다.[18] 물론 이것은 요약된

---

17) Hannah Arendt, *The Origins of Totalitarianism*, Part 1, 'antisemitism.' 우리는 셀린이 1951년 7월 1일에 프랑스로 돌아온 것을 잊으면 안 된다. 갈리마르는 그의 저작들을 그 소책자를 제외하고 1952년에 재편집했을 것이다.

18) Arendt, *The Origins of Totalitarianism*, Part 3, 'Totalitarianism,' pp.178-9, 208-10, 226.

해석이지만, 그러나 '인간사'에 관한 한 상당 부분 적절하다.

키플링Kipling과 기원들의 전설, 아라비아의 로렌스Lawrence of Arbia와 그의 영국적 자아, 바레스Barrès, 모라스Maurras 그리고 다른 이들이[19] 자주 대조적으로 환기되는 페기Péggy와 더불어[20] 그녀의 참고가 되는 이 이야기 세계를 둥글게 싸고있고, 이것들이 『전체주의의 기원』의 궁극적 '기원'에 놓여 있다.

나탈리 샤로트Nathalie Sarraute, 1900~1999는 아렌트가 연구한 유일한 동시대 작가다.[21] 아렌트는 '인물의 "부드럽고 단단한" 겉면을 부수고', '심리적인 생체 해부'를 채용하기 위해서 고전 소설의 규칙들을 깨는 이야기에 이끌려, 샤로트가 서술한 것처럼, 정신 분석가들의 분석이 야기하는 큰 파동보다 이 '내

---

19) Arendt, *The Origins of Totalitarianism*, Part 2, 'Imperialism,' pp.178-9, 208-10, 226.

20) 특별하게, Arendt, *La Tradition cachée: le Juif comme paria*, p.108을 보라.

21) Hannah Arendt, 'Nathalie Sarraute,' *Merkur: Deutsche Zeitschrift fuer europaeisches Denken* 18 (1964): pp.785-93.

면 삶'의 항성恒性을 더 선호하는 것을 인정한다. 아렌트는 샤로트가 그것으로 이기적 나selfish I의 파국적 내면성을 탐색하는 잔인성과 아이러니를 즐긴다. 거기서 각 단어는 평범하거나 진부한 것이 아닐 때 하나의 '무기'가 되고, 그와 함께 가족과 사회는 해체되며, 스스로를 '지식인'이라고 칭하는 것보다 더 무의미한 것이 있을 수 없는 사람들인 '그들'의 공허 속으로 빠져든다. 거기에 더해서 아렌트적 분석은 사회적 메커니즘의 폭로를 위한 방식으로써 이야기를 높이 평가하는데, 여기서 심리 사회적 희극의 폭로를 말한다. 샤로트에게서 '진실의 순간'은 두 개의 심층 대화가 충돌하면서 하나의 '변신'을 창출하고, —이것은 지속할 수 없는 반란에 대한 순간적 인식인데 — 그녀(아렌트)에게는 그것이 동시대 문학에서 유일한 극적인 자질처럼 보인다. 그러나 이 '의혹의 시대'ère du soupçon가 그녀를 매우 즐겁게 하는데도, 아렌트는 이 의혹에서 깨어나는 것을 지지하는 것 앞에서 멈추어 선다. 그녀는 오히려 샤로트의 쓰라린 이야기들이 보여 주는 그 개념들의 허위성에도 불구하고 '일상 세계'와 '자연적 혈족 관계'를 구하는 일을 더 선호한다. 아렌트는 칸트를 읽고 영감을 받아 쓴 그녀의 책 『판단』Judging을 쓰기 10년 또는 수년 전에 사회적 결속의 근간에 놓여 있는 것으로 여겨지는 '미감'taste에 대한 존중과 함께 샤로트의 풍자에 주목한다. 하지만 그녀는 낙관적이고 칸트적인 강조, 즉 나쁜 '그들'에 대해서 그런데도 가능성 있는 '우리'가 있고, 독자와 저자의 존경할 만한 공동체, 아주 빈약하지만 또한 강한 공동체가 있다는 언급으로 결론 맺기를 좋아한다.

마침내 아렌트는 브레히트를 지지하는데, 그녀는 그의 우울한 천재성을 호의적으로 평가하지만, 동시에 우리가 시인들(철학자들 또한)의 안에서 자라나는 무책임함으로부터 어떤 정치적 의미성도 기대해서는 안 된다고 경고한다. 그들은 좋은 *사유가*thinkers이지만 판단하지 못한다. 하지만 그녀가 '시인이나 예술가들의 반복적인 비행'이라고 부르는 것은 그들 자신의 활동성 안에 허용되어 있고, 보편적인 의견은 더 보탤 어떤 것도 필요로 하지 않는다. 그들은 우리의 도움뿐 아니라 용서도 받을 만하지만, '그들의 죄와 책임의 무게를 온전히 감당해야 할 만큼 아주 무거운 죄를 지을 수 있다.'[22] 브레히트가 극적으로 감당한 가장 무거운 짐은 다름 아니라 재능 자체의 소멸이다.

누군가는 아렌트가 구술자의 시적 언어가—프루스트를 보라—'사유하는 자아'와 '현현해서 세상을 통과하는 자아', 즉 인식 가능한 *영원한 현재*nunc stans를 해석해내고 그것을 치유된 시간에 불어넣기 위해 현현하는 자아 사이를 어떤 철학적 개념이나 신비한 환상보다도 훨씬 더 잘 결합한다는 사실을 이해하지 못했다고 비난할 수 있다.[23] 우리는 카프카와 관련해서 그녀가 하듯이 '어떤 양식이라도 그 자체의 마법으로 일종의 진실로부터의 도망'이라고 아주 쉽게 선포하는 루카스Lukács식 사회학으로 인해서 간담이 서늘해질 수 있다. 그 루카스식 사회학은 고전 소설의 복잡한 운명은 프랑스 혁명이나

---

22) Arendt, 'Bertolt Brecht: 1898-1956,' in *Men in Dark Times*, p.218.
23) Cf. Arendt, *The Life of the Mind. 1. Thinking*, pp.80-1.

칸트의 의미에서 간단히 '시민의 느릿한 몰락에 상응한다'라고 선언하거나,[24] 비밀 세력들에 의해서 조종되는 세계에 직면해서 카프카는 '동료 시민이 되는 것', '공동체의 일원'이 되는 것 외에 어떤 다른 것도 원하지 않았다고 선포하는 것 등이다.[25] 사랑스런 카프카, 만약 그가 원한 것이 오직 '동료 시민'이 되는 것이었다고 한다면, 그의 작품은 악마적 신학은 아닐지라도[26], 카발리즘적 해석을 불러일으킬 정도로 우리를 '두렵게 만들'수 있는 사람이다.

우리는 아렌트가 정신착란증뿐 아니라 전례 없이 이야기와 언어와 자아의 구조를 재평가하는 이 세기의 아방가르드들을 우울, 그리고 그녀가 말한 것처럼 '황폐화'뿐 아니라 정신병의 영역으로 이끈 저항의 역사적 필요성 또한 인정해 주지 않는 사실을 애석해할 수 있다. 개인뿐 아니라 '대중'(*mob, 폭민*)에

---

24) Arendt, *La Tradition cachée: le Juif comme paria*, p.98.
25) Ibid., p.118.
26) Ibid., p.120.

게서 보여지는 이 한계 상황들은 예를 들어 셀린에게서, 가장 신중하거나 명쾌하지는 않더라도 가장 징후적인 표현을 발견했다. 예술, 특히 장르로서의 이야기 예술은 과거를 반복하지도, 또한 이전의 해결책에 매여있지도 않으면서, 오늘날은 도덕 판단보다는 임상 프로토콜과 더 경합하는 역사를 가지고 있다. 그 역사의 원인과 운명을 분별하되 오명을 씌우지 않는 일은 우리에게 달려 있다.

그러나 이것이 아렌트 최우선 관심사는 아니다. 그녀는 '인간사의 덧없음'에 대한 최적의 해결을 찾고자 하는데, 이러한 정치적 관점에 따르면, 이야기 예술은 정의로운 행위 아래 종속된다. 비록 그것이 정의로운 행위를 두드러지게 할 수 있는지, 또는 그렇지 않더라도 말이다. 사실 이야기 예술은 바른 행위에 의해서 압도되는데, 어떤 미적 특권이나 작품의 우수성도 아리스토텔레스적인 아름답고 선한 삶의 이상이라는 *궁극적 목적*hou heneka을 지워버릴 수 없다.

예술가, 특히 현대 예술가는 아렌트에게 있어서 *노동하는*

*인간*homo faber의 전형으로서 그녀에 따르면 인간성의 매우 저속한 변형이고, 그들은 동시대 작품들에 대해서 상업주의와 소비주의의 현대적 경향을 극단까지 밀고 간다. 극단적으로 보면, 아렌트에게 있어서 주요 작품은 작품이 아닌 작품(a non-work), 쓰여지지 않은 작품, 그래서 '생산'으로 '구체화되지 않은' 작품이 아닐까? 소크라테스는 자신과 다른 사람들을 향한 지속적인 물음 속에서 서로 다른 의견과 삶이 충돌하는 *폴리스*Polis를 무시하지 않으면서, 진실한 판단을 향한 무한한 탐구에 자신을 바칠 것이다. 반反플라톤이고, 도발적인 등에gadfly, 산파, 마비시키는 어뢰魚雷인 소크라테스가, 아렌트에게는, '플라톤이 소크라테스 법정으로부터 얻어 낸 가장 반反소크라테스적인 결론인 진리truth와 의견opinion의 대항을 확립했으리라고는 믿을 수 없다.[27] 덕이 가르쳐질 수 있다고 생각했

27) Hannah Arendt, 'Philosophie et politique' (1954), in *Social Research* 57, 1 (1990): 75.

음에도[28], 도시에 은인이 되는 일로부터는 한참 거리가 먼 소크라테스는 역사가historian 아렌트에게 활동 속에 있는 사유의 전형, 중단 없는 질문으로 '공적 일'에 대한 관심을 결코 그쳐서는 안 되는 *이론적 삶bios theoretikos*을 남겨 두었다. '소크라테스가 한 일의 의미는 '*활동 자체*' *activity itself*안에 놓여 있다. 또는 다르게 표현하면, 사유하는 것과 온전히 살아있다는 것은 동일하며, 이는 곧 사유하는 것은 항상 새롭게 다시 시작해야 한다는 것을 함축한다.'[29]

그리하여 공유할 수 있는 의미를 향한 '추구'로 이해된 *이야기의 삶life of narrative* 전반에 걸쳐 아렌트가 찾는 것은 전체적인 그리고 전체화하는 작업이 아니다. 또한, 본질적으로 하나의 '예술 작품'일 수 있는 정치 공간의 창조를 추구하는 것도 아니다. 정치의 본질을 환영歡迎하는 비범성, 지배의 도식으로부터 자유로운 순수 현현의 장소로 보는 것은 아렌트 사유에

---

28) Arendt, *The Life of the Mind.1. Thinking*, pp.166ff.

29) Ibid., p.178. 강조는 더해진 것이다.

는 부합하지 않는 심미화를 대변하는 것 같다.[30] 우리가 국가 사회주의에서 볼 수 있는 정치를 심미화하는 실체화는, 한 번 언급되었듯이, 정치적인 것의 비정치적인 본질을 드러내지 않고 오히려 그 죽음을 드러낸다. 아렌트에게 있어서 정치적 삶이란 모두에게 그 갈등을 드러내는(*dokei moi*) 이야기로부터 분리될 수 없는 것이라면, 그것은 정치적 삶이 그 자신의 심미화에 저항하고, 자신을 단순한 '생산품'*poiēsis*으로 환원될 수 없는 '행위'*praxis* 자체로 보는 한에서 그러하며, 또한 그 자신을 살아있는 사람들의 축소할 수 없는 다원성에 의해 공유되는 것으로 허용하는 한에 있어서 그러하다.

다른 말로 하면 예술은 서구에서 정치적인 것의 본질로 일컬어지듯이 반드시 국가적 미학의 핵심은 아니다. 만약 국가적 표현의 천재성을 배치하는 시와 신화에 대한 어떤 숭배가 필

30) 참조. Philippe Lacoue-Labarthe's theses in Heidegger, *Art and Politics: The Fiction of the Political* (Oxford: Basil Blackwell, 1990): 정치적인 것의 정점으로서의 예술의 모든 작품.

연적으로 국가적 미학으로 인도되는 것이 사실이라면 아렌트는 그 명제를 '해체한다.' 이야기와 소설에 대한 주목에서 그녀는 구술이 어떻게 다른 정치, 열린 기억의 그것, 그녀가 *누군가*who의 *삶*life이라고 부르는, 새롭게 갱신되고 공유된 기억에 참여하는지를 보여준다. 구술자(셀린 또는 브레히트)가 때때로 오해될 수 있고, 또 한편으로는 분명하게 본다는 것은 *사이-존재*inter-esse의 판단하는 통찰력에 제공된, 활짝 열려 있고 무한한 정치 행위로서의 이야기하기의 구조적 가능성을 그대로 놓아두는 또 다른 문제이다.

또한, 그녀는 일평생 열정적으로 시를 읽는 독자였지만[31], 그녀를 행위에로 이끄는 것은 주제와 행위에서의 역할—마지막 순간에는 정치적 행위에서의 역할을 통한 스토리이다. 우

---

31) 참으로 징후적으로 그녀가 공동 집필한 유일한 텍스트가 그녀의 첫 남편, 귄터 스턴 안더스와 더불어 사인한 릴케의 '두이노의 엘레지'에 관한 *연구서*(*Neue Schweizer Rundschau* 23[1930]인데, 그것은 신적인 것의 상실, 연인의 자기 파괴, 그리고 애가시를 창출하는 공허를 두드러지게 한다.

리는 한나 아렌트 자신이, 특히 청년기의 힘겨운 시간에, 낭만적 열정의 시련과 그에 뒤따르는 우울로 고통받았을 때 시를 썼다는 것을 기억해야 한다. 이러한 시적 경험은 의심할 여지없이 한편으로 그녀에게 버팀목이 되었지만, 또 한편으로는 그녀를 황량함 속에 틀어박히게 했다. 그 황량함을 그녀는 비난했고, 라헬 반하겐의 유아론적인 글쓰기를 비판하면서, 또한 나중에는 아이러니를 '철학자 종족'들에게 전형적인 '우울'로 돌리는 일을 통해서 거기로부터 빠져나오고자 했다. 하지만 그녀의 이야기를 향한 애정은 결코 시적 표현의 거부가 아니었다. 비록 그녀가 스타일이나 운율법적인 표현들을 공부하지 않았지만, 그녀는 시적 표현을 구술적 표현에 본질적인 것으로 생각한다. 과연 어떻게 시와 구술을 서로 나눌 수 있단 말인가? 아렌트에게 있어서는 '위업들 표현'의 원형이 호머 외의 다른 어느 곳에서도 발견되지 않는데 말이다.

그러므로 우리에게는 그녀가 아도르노의 잘 알려진 입장인

'아우슈비츠 이후에 시를 쓰는 것은 야만적이다'라는 것을[32] 분명히 지지하지 않은 것 같고, 또한 이것이 그녀가 인간 아도르노 자체를 싫어한 부분은 결코 아니었던 것 같다.[33] 오히려

---

32) Theodor W. Adorno, '문화비평과 사회', in *Prisms*, trans Samuel and Shierry Weber(London: Neville Spearman, 1967), p.34. 이 말들은 아도르노 자신에 의해서 상대화될 것이다, 특히 '*Negative Dialectics*', trans. E.B. Ashton (New York: The Seabury Press, 1973), p.362. 여러 해 지속되는 고통은, 고문받는 사람이 소리칠 수밖에 없는 것처럼 그렇게 표현에의 권리를 가진다. 그러므로 당신이 아우슈비츠 이후에 더 이상 시를 쓸 수 없었다고 말한 것은 잘못된 것이었을 것이다.

33) 아렌트는 프랑크푸르트학파의 마르크시스트들을 전혀 존경하지 않았고, 특히 아도르노, 그녀의 첫 남편 권터 스턴의 불만스러운 독자, 논문, 음악에 대하여, 그리고 아도르노가 불초한 마르크시스트라고 여기는 발터 벤야민의 적대적이지는 않아도 의심스러운 '친구'인 아도르노에 대해서 단호한 거부를 표현했다. Elisabeth Young-Bruel, Hannah Atendt: *For Love of the World* (New Haven, CT: Yale University Press, 1982), pp. 80, 166을 보라. 그녀가 이야기하기에 대한 관점을 밝히는 *Totalitarianism* (1951)와 *The Human Condition* (1982) 이후에, 아렌트는 1964년 프랑크푸르트 학생 신문 속에서 나치즘 이후에는 시가 불가능하다고 선언한 아도르노가, 실제로는 1934년 히틀러에게 헌정된 묶음 속에서 가져온 말들의 노래를 칭송한 것을 보여 주는 한 논쟁을 발견했다. 아도르노가 이것을 '후회한다'고 말하며 하이데거를 비난함으로써 자신을 변호하고, 또한 그가 시는 불가능하다

반대로 아렌트에게 있어서 구술에서 시를 배치하는 것을 포함해 우리가 상상적이라고 부르는 것이야말로 공포를 *생각*think할 수 있는 유일한 것이다. 하지만, 그녀는 프리모 레비Primo Levi와 함께 아도르노에 반대되는 입장, 즉 오직 시만이 감옥의 공포를 서술할 수 있다는 입장은 받아들일 수 없었던 것 같다.[34] 이 작가의 외침은 그렇게 분명하게 그 자신의 비극적인

고 선언하면서 시를 변호한 하이데거를 겨냥하고 있다는 것을 암시하는 동안, 아렌트는 아도르노와 '그의 1933년 나치에 동조하려는 헛된 시도'에 대해서 분노했다'. '그는 이탈리아 태생인 자기 어머니의 이름과 함께 그로부터 벗어나기를 희망했다(Wiesengrund에 대한 Adorno)'(야스퍼스에게 보낸 편지 no. 399, in *Hannah Arendt/Karl Jaspers Correspondence*, 1926-1969). 나중에 아렌트는 하이데거가 짧은 시간 이후에 '이 어리석음'(*Dummheit*)을 인식하게 되었고, 그때보다 독일 대학에서 더 많은 위험을 감수했다고 말하면서 하이데거를 변호하며 명백하게 아도르노에게로 돌아간다. 하지만 무수한 지식인들과 소위 학자들에게 대해서는 똑같은 것을 말할 수 없다. Hannah Arendt, *Vie politiques 정치적 삶* (Paris: Gallimard, 1974), p.319; and Sylvie Courtine-Denamy, *Hannah Arendt* (Paris: Belfond, 1994), p.83을 보라.

34) '1946-1946년에는 나에게는 산문보다 시가 내면에서 무엇이 괴롭히는가를 설명하는 데 더 적당해 보였다 … 아우슈비츠 이후에는 아

황량함과 인간 다원성에서 오는 돌이킬 수 없는 허탈감을 드러내는데, 이것은 그를 자살로 이끌었고, 아렌트 자신도 항상 우울과 자살 충동에 맞서 싸워야 했는데, 그녀는 *오만hubris*과 죽음에의 집착을 그 대신에 구술되는 행위의 *실천지phronēsis*, 즉 계속해서 새로 태어나고, 낯설고, 그리고 바로 그런 이유로 부활적인 것으로의 가능한 변환을 제시하면서 그에 대해서 논쟁할 수는 없었다.[35)]

마침내 만약 *이야기narrative*—신화, 비극 또는 역사—가 전문적인 철학자들의 지혜가 쳐 놓은 덫에 빠지지 않고, 또 예술

우슈비츠에 대해서 말고는 더 이상 시가 있을 수 없다' (Primo Levi, interview in Corriere della serra, 28 October 1984, quoted by Myriam Anissimov, *Tragedy of an Optimist*, trans. Steve Cox [London: Aurum Press, 1998], p.369).

35) 지옥 또는 '동물적 슬픔'의 목소리, 시는 또한 아렌트에게 세상에 대한 찬양과 수용—또는 거부?—또는 비탄의 목소리이다. '오 행복한 비탄!'('W.H. Auden을 기억하며', in *The New Yorker*, 20 January 1975, pp. 39ff and 45ff). 이것은 *이야기(이야기-역사story-history)*를 특징짓는 공들인 행위와는 다른 것이지만, 그러나 '영어 언어의 영원한 영광'을 증거한다(ibid.).

소재를 구성하는 자들의 실용주의를 벗어날 기회를 가진다면, 그것은 오직 *이론적 삶*bios theōrētikos과 *정치적 삶*bios politikos 사이의 긴장을 유지할 수 있는 한에서 그러할 것이다. 그것은 어떤 청정한 사색 속에 도피처를 마련하는 일이 없이 편안하게 생명 과정의 평범함 안에 자리 잡지 않으며, 또한 그 둘을 합치지 않으면서 긴장을 유지할 때 그럴 수 있을 것이다. 이 도발적인 ―등에를― 낳는 이야기들은 어디에 있는가? 아마도 그것은 아렌트적인 경험 자체 외의 다른 것이 아닐 것이다. 다원성과 그 스스로에 대해서 묻는 일을 그치지 않는 행위의 모순들 말이다.

지금 아렌트가 공포와 쇼와(홀로코스트)를 생각할 수 있는 가능성으로 지정한 것은 어떤 이해나 분석 또는 합리주의가 아니라 *이야기*narrative 자체다. 가능한 지옥에 대한 유일한 '사유'는 아우슈비츠에서의 그들의 기억을 열거할 수 있던 사람들의 '공포스러운 상상'이다. 비합리성과는 아주 거리가 먼, 우리의 사유가thinker 아렌트를 변호하는 것은 합리화하는 이성의 한계를 넘어서 있는 이야기의 확장된 합리성이다.

'어린 시절부터 나는 신이 존재한다는 것을 의심한 적이 없다'라고 그녀는 하코트 브레이스Harcourt Brace에서 『전체주의의 기원』을 출판할 것을 추천한 친구 알프레드 카진Alfred Kazin에게 고백한다.[36] 그렇지만 이 '*구술된 행위*'narrated action와 '*행위하는 구술*'acting narration에 대한 강조는 마지막 분석에서는 아렌트가 섬세하게 제안하는 허무주의가 없는 하나의 희귀한 무신론을 드러내는데, 그것은 아리스토텔레스와 그의 *이성-실천지*logos-phronēsis의 안정책인, 신들의 영역으로부터 철저히 물러난, *정신*nous을 넘어서는 *인간 실천*praxis의 영역에 동조하면서 그렇게 한다. '*정신*nous과 구별되는 *이성*logos은 신적이지 않다.'[37] 이것이 진정 아렌트가 거기에 헌신하고자 하는 것인바,

---

36) Alfred Kzin, *New York Jew* (New York: Alfred Knopf, 1978), p. 199.

37) Arendt, *The Life of the Mind. 1. Thinking*, p.137. 우리는 아렌트의 생략적인 논평에 아리스토텔레스의 특별한 신개념을 첨가하고자 한다. 그런데 그것은 플라톤이나 스토아 철학자들과는 아주 다르다. 이러한 까닭에, 아리스토텔레스의 근본적 직관은 신과 인간 사이의 엄청난 분

이 비(非) 신적이며, 살아 있는 말로서 정치적인 삶에서 정신의 삶을 전개시키는 그것이다.

하이데거의 몰두는 전혀 다르다. 1938년에 그의 철학의 '공식적인' 버전이 '존재와 함께, 당신은 아무것도 가지고 있지 않다'라고 선언하는 반면, 『철학에의 공헌』Contributions to Philosophy(1936년에서 1938년에 출판을 목적하지 않고 쓰여진 것)은 다음과 같이 고백한다. '우리로 하여금 숨김없이 감히 말하게 하여라. 존재는 신들의 불만 소리다(그들의 신에 관해서 신들의 결정에 앞서는 소음).'[38] 학생 아렌트는 여전히 자기 스승에 가까이 있으면서도 확실한 거리를 유지한다.

리 또는 거리의 그것이다. 게다가 아리스토텔레스적 현자가 경제 자립주의자라면, 그는 그럼에도 여전히 친구들을 가지고 있다. '그러나 신성은 그 자신의 안녕이다. … 우리와 함께 행복함은 우리 너머의 무엇인가를 포괄한다'(Eudemian Ethics, VII, 1245b.1 18-19).

38) '우리는 (다음처럼) 즉각적인 말을 감행한다. 존재는 신들의 떨림이다(그들의 신에 대한 제신들의 결정 앞의 소리의)' (Martin Heidegger, *Gesamtausgabe*, vol. 65. p. 239; quoted by Ruediger Safranski, *Heidegger et son temps* 하이데거와 그의 시간 [Paris: Grasset, 1996], p.326.

그런데 여성은? 이삭-티티아나 디네센-블릭센과 함께 또는 그녀 없이? 아렌트가 제공한 긴 목록에서 가져온 한 다른 신화적 이야기가 오르페우스와 에우리디케의 잘 알려진 이야기를 들려준다. 상상력의 남자, 음악가-시인-철학자는 하데스로부터 그의 죽은 애인을 구출할 수 없다. 왜냐하면 산 자의 세계에 도착했을 때 그녀를 보기 위해서 뒤를 돌아보자마자 그녀가 공기 속으로 사라져 버리기 때문이다. 아렌트는 이 이야기를 이렇게 분석한다. 생각해낼 뿐 아니라 창조하는 것, '소설의 상상적 특성들', 당신은 *탈감각화*de-sen-sorialize해야 한다. 창조적 상상력은 보이는 세계의 요소들을 조작한다. 그러나 그것들을 마치 에우리디케의 지각할 수 있고-볼 수 있는 몸처럼 오직 탈감각화하고, 휘발시키고, 죽인 후에 비로소 성공한다.[39]

아렌트-오르페우스가 한나-에우리디케를 희미한 공기로 바꾸었나? 이 해설을 읽으면서 저자가 자신을 희생당한 에우리디케와 동일시한다거나, 그녀가 오르페우스의 '생산적인 상

39) Arendt, *The Life of the Mind. 1. Thinking*, p.86.

상력'의 실패를 애석해한다는 인상을 받지 않는다. 그것은 '지각할 수 있는 요소들'과 여성적인 것을 우선적으로 구하는 유일한 길은 에우리디케를 *탈감각화의 이야기*를 상세히 열거할 수 있는 오르페우스로 만드는 일 안에 놓여 있기 때문일 것이다. 오직 이 방식으로, 이 구술의 사실로부터 탈감각화의 이야기가 행위 속에서 모든 참가자들에게 지각될 수 있다. 이 탁월하게 정치적인 행위를 완성하기 위해서 사람은 양쪽에 있어야 할 것이고, 그리고 물론 성찰적 지혜뿐 아니라 특히 정치적 *실천지*phronēsis를 지녀야 할 것이다.

그리하여 지각할 수 있고 여성적인 것을 체현하는 에우리디케는 우리의 정치적 이야기꾼, 아렌트의 펜에 의해 휘발되지 않는다. 대신에 지각할 수 있고 여성적인 것은 '개념들'로서보다는 그녀의 사유를 구성하고 그 강점들을 대변하는 빈번한 비유들로 다시 돌아오며, 그 사유의 결정적 연결들인 *기원*origin, *조건*condition, *탄생*birth은 아렌트에게서 '정신적 삶'과 '활동적 삶' 사이의 긴장의 흔적뿐 아니라 한 여성을 천재 사유가로 만드는 감각화와 탈감각화 사이의 그것도 보여준다.

그러나 어떤 꼬리표도 아렌트의 에너지뿐 아니라 해체되는 것을 절대 멈추지 않는 그녀의 불안에 적합하지 않기 때문에 '천재'라는 표현은 또한 적절치 않다. 그녀는 진정으로 그것을 거부했다. 고대인들에게는 알려지지 않았고, 르네상스인들에 의해서 발명된 천재 현상은 그녀에 따르면 *도구인homo faber*에 대한 최상의 규정이다. 그가 누구인지를 철저히 지워 버리는 자신의 창작물 속으로 완전히 사라지는 것에 실망해서, 근대인은 손재주와 대상물을 초월할 어떤 것을 찾는다. 그리고 근대인은 속히 더 나아가서 '천재'를 창조함으로써 바로 그 초월을 구체화한다. '… 천재의 우상화는 상업 사회에서 다른 신조가 우세한 것처럼 인간 인격의 똑같은 타락을 감춘다.[40] '천재'를 떠나라! 우리는 '어떤 사람이 누구인가의 본질은 결코 그 자신에 의해서 규정될 수 없다'는 것을 끊임없이 말하는 아렌트

40) Arendt, *The Human Condition*, p.211.

의 에너지와 함께 남겨졌다.[41]

니체는 아마도 그가 온전히 살아 냈을 생의 철학을 다음과 같이 호소했다; '나는 오직 아름답게 성숙한 사람에게만 생에 대해서 철학하는 일을 허용한다'. '너는 너의 몸과 정신으로 큰 문제들을 살아 내고자 해야 한다.'[42] 한나 아렌트는 아마도 그녀 자신의 방식으로, 특별히 정치철학으로서의 생의 철학을 실현하고 행한 20세기의 유일한 철학자인 것 같다. '아름답게 성숙한' 여성과 유대인으로서 말이다. 정치가로서의 그녀의 작업이 그 증거인데, 마치 상세히 구술된 삶이나 또는 삶에서 필수 불가결한 이야기, 그리고 또한 그 필요한 조건과 그 양쪽에 대한 그녀의 성찰이 그러하듯이 말이다. 왜냐하면 (아렌트는 아리스토텔레스와 함께 확신하기를) 정치적 삶이 없이는 어떤 삶(*bios*)도 없기 때문이며, 또한 (아렌트는 성 어거스

41) Ibid.

42) Friedrich Nietzsche, *The Will to Power*(London: Weidenfeld and Nicolson, 1967), pp.3-12(!884 and 1885), p.6(1886)

틴과 더불어 확신했는데) 구술적인 재탄생 안에서, 그리고 그것을 통하지 않고는 어떤 삶도 없기 때문이다.

4

'인격'과 몸

우리는 아렌트적 *정치 행위*political action 개념의 고유성을 그녀가 그 정치행위를 한 존재에 대해서 개연성 없는 주장에 근거하기보다는 가설적이고, 위험한 희망에 의존하는 *인물*who의 현실화로 보고 있다는 것을 고려하지 않고는 파악할 수 없다. 자유주의와 기술의 현실들이 소외와 객체화 또는 '합리화'를 변화시키고자 하는 어떤 행위도 실패라고 선언한다 하더라도, 아렌트의 개인적이고 정치적인 경험들은 그럼에도 불구하고 그녀의 관심과 비판을 현대 세계에 집중하도록 조절하는 일로 이끈다. 그것은 '인간의 본질the essence of man'에 집중하는 근본적 존재론의 전유로부터 시작한다. 그녀의 경험들은 또한 (한 사람이) '*누구*' *who*인가를 (알려 주는) 수단이 되는 정치적 행위의 시작을 알아채도록 이끈다. *사고*Thinking, *의지*willing 그리고 *판단*judging은 그녀를 철학적인 것처럼 보이는 성찰들로 인도하는데, 그 성찰들은 철학을 바로 정치를 그렇게 하듯이 분해하고, 자유를 새롭게 보는 길, 특별히 아렌트적인 길을 그려 내도록 한다. 이 '*누구(인격)*' who와 몸의 아포리아는 아렌트가 그린 형이상학의 궁극적인 해체로 우리를 이끌고, 그 해체는 그녀의 『정신의 삶』The Life of the Mind에서 철학과 정치의 적대를 다시 쓰는 일을 말한다.

우리는 *누구*Who인가? *무엇*what인가에 대한 반대로서의 우리는? 이것은 아렌트의 정치적이고 철학적인 작업에 생명을 부여하는 폭로이고 관심이다. '누가 현존재인가?'라는 하이데거의 질문이 그녀에게 맨 처음 다가왔다. 그러나 고독한 성찰과는 반대로 아렌트는 '*인물*'who의 계시적인 행위들과 말들을 세계의 다원성 안에 새긴다. 그렇다면 그녀는 사람들이 그녀가 그랬다고 비난하는 것처럼 칸트를 '사회학적으로 매도해서' 읽은 것과 대칭적으로[1] 진정 기초존재론을 인간화하는 지점에 도달했다는 것인가?

아렌트의 사유는 하이데거적 혁명을 지목하여 논의한다.

---

1) Jean-Francois Lyotard, 'Le Survivant,' in *Ontologie et politique: actes du colloque Hannah Arendt*, ed. Michel Abensour et al. (Paris: Editions Tierce, 1989), p.275. See alos 'Sensus communis,' *Le Cahier du College international de philosophie* 3 (1987). 67-87.

'인물(인격)'은[2] 후설적 에고가 놓여 있는 의식의 선험적 삶으로부터 추출된다. 그것은 자신을 자기 자신에게뿐 아니라 '존재자'로서 있는 다른 사람들에게 열어 놓고 그의 존재를 과잉 속에서 달성한다. 현존자가 자기를 위해서 존재를 점유하는 것은 '시각'(*Sicht*)을 통해서이고, 그리고 '염려'(*Sorge*) 안에 자신을 놓고자 세상-내적인(세속적) 일에 몰두하는 것을 포기함으로써 현존자는 스스로를 자신의 가장 내면적인 가능성들과 유한성에로 향하게 한다. 이 세상에서의 그의 존재의 불안이 그것을 드러내고, 그 사멸성 속에서 가장 적절히 존재할 만한 존재로서 그러하다. 아렌트에 의해서 결코 거부되지 않으면서, 이 계시는 『인간의 조건』The Human Condition에서 '*누구*' *who*와 '*무엇*' *that which* 사이에 세워진 구별의 전체 범위를 정한다. 하지만 그녀는 정치 영역에 몰두한다. 이것은 존재론적인 것의 평가절하가 아니라 바로 — 그리고 유일한 — 육화肉化

2) 여기서 'who'는 경우에 따라 '누구', '인물', '인격' 등의 언어를 번갈아 가면서 선별하여 쓰고자 한다. : 옮긴이

의 기독교적 유산에 대한 현대적 성취다. 만약 '*누구*'가 이 세상에 있다면, 그가 육화되었다면, 이 누구는 피할 수 없이 정치적이어야 한다. '*누구*'와 '*무엇*' 사이의 구별은 여기서 본질적이다.

'*무엇*'은 사회적 외양과 생물학적 속성들로 축소된다. '자질, 재능, 소질 그리고 약점'이[3] 개인적 고유함을 만들 수 있지만, 이런 특징들은 모두 '*무엇*'과 관계있고, 종種의 익명성 속에서 또는 그 용어의 자연스러운 의미에서의 생명 속에서 사라지는 예들과 연관되는 것이고, —인간 존재가 그 자신의 고유성을 확립하기 위해서 그것으로부터 자신을 탈출시켜야 하는 생물학적 삶인 것이다. 그리하여 '*인격*' *who*은 정확히 그 탈출일 것이고, 그리스인들의 *다이몬daimon*(소명), '다른 사람들에게는 분명하고 명백하게 나타나지만', 그러나 '바로 자신에게는 감추어져 있는' 것일 터이다.[4]

---

3) Arendt, *The Human Condition*, p.179.

4) Ibid., p.179.

항상 시간의 범위에서, 그리고 현상의 공간에서의 행위인 '*인격*' who은 자신을 *생명력*zoe으로 이해된 생명이나 사회적 공리주의 안에서 객관화하지 않으며, 더군다나 아렌트에게서 그 인격은 고독한 자아가 아니다. 존재자를 존재에로 옮기는 움직임을 추적함으로써 하이데거는 존재자로서의 초월이 '한 사람의 자아가 될 수 있는 진정한 존재,' '한 내밀한 지식知' 으로서의 자아*Selbst*(the self)의 정화로 결론되는 하나의 과잉(*Ueberschuss*)이라고 지적하고 있었다. 그것은 현상과 말을 결합한 것이고, 순수한 이방성(*Unheimlich*)의 증상인 고뇌에 다름 아닌, 세상에 던져진 데서 오는 과격하게 버려진 외로움이다.[5] 아렌트는 이러한 것을 그녀의 존재에게 드러내는 '*인격*'의 과잉을 포기하지 않으면서 그 대신에 행위와 다른 사람과의 말 가운데 초월을 자리매김한다. '*인격*'은 감추어져 있는 자신인데, 그러나 대중들에게보다 또는 다른 사람들의 일시적

---

5) Taminiaux, *The Thracian Maid and the Professional Thinker: Arendt and Heidegger*, pp.64, 68-9, 76.

기억에서보다 그 인물에게 더 감추어져 있는 자아다. '어떤 사람의 삶'으로의 '인격'은 사실 본질적으로 드러나지만, 그러나 특별한 방식으로 그러하다. 다른 사람들에게 특별한 다원성의 시간 속에서 현실화되는 하나의 '본질'essence인 것이다. 만약 한나 아렌트가 지속적으로 그러했던 '독특한 어린 소녀'로서 간단없이, 그리고 분노하지 않은 채로 자신의 유일성을 주장한다면, 그것은 생각하고, 행위하며, 그녀의 독특성을 '상호적인' 신뢰 가운데 인간 존재들의 다양한 중심에서 살아가기 위함이다. 그녀에게 있어서 진정 '인격'은 '*함께함*'*Mit-sein*으로부터 분리된 '내밀한 지식' 안에서 자신을 드러내지 않는다. 오히려 그것은 다수의 다른 사람 앞에서 반드시 분출하는 역동적인 예외 속에서 자신을 표현하는데, 그렇게 탄생한 다른 사람들은 은연중에 '너는 *누구*'*who*야?라는 질문을 던지면서 각각의 새로 도착한 사람의 행위를 받아들이고 해석한다.

단순히 종種의 구성원으로서의 삶도 아니고 유아론도 아니다. '인격'은 자연과 사회로부터 자신을 구출하는데, —종種이나 또는 생산자들의 '관리'하는 그룹에 속하는 요소로서 그를 객체화하는 자연이나 사회 — ,그와 동시에 자아의 전유하는 고립으로부터도 구출한다. 인간 다원성 속에서 흩어지면서, 그리고 인류 이야기들의 무궁한 덧없음 속에서 '인격'은 그 자신을 하나의 역동적인 현존, 공적과 행위를 뛰어넘는 하나의 *현실태*energeia로서 드러내며, 그것은 어떤 구체화나 객체화의 시도에도 반대한다. '… 그것을 드러내는 일은 어떤 의지적인 목적으로 거의 이루어질 수 없고, 마치 어떤 사람이 자신의 자질들을 소유하고 노출시키는 방식으로 이 "인격"who을 소유하고 드러낼 수 있다는 것처럼은 될 수 없는 것이다.' '인격'은 오직 (우리가 기억하기를, '작업'과 '작품'으로부터 구별된) '행위' 안에서만 자신을 드러내는바, '인격이 거기에 결합된 행위를 말한다. 만약 그것이 '단순한 생산적 활동만을 초월하는 것이라면'[6], 행위는 의미가 없을 것이고, 사실 이 '인격'이 없다면 그러하다는 것이다. '인격'은 창조적 과정의 '근원'인 것 같고,

---

6) Arendt, *The Human Condition*, pp.179-80.

그러나 작품 과정의 바깥에서 그리고 '다른 사람들이 무엇을 성취했는가에 상관없이' 그러한 것이다.[7]

'본질'essence이냐 또는 인간에게 고유한 '자연'nature이냐의 고통스러운 문제와 씨름하면서 아렌트는 '마브루크 대가'의 사유를 다시 파악하고, 또한 아리스토텔레스와 교회 교부들을 읽는 독서에 다시 몰두한다. 이것은 모두 세계에서의 그녀의 정치적 경험으로부터 길러진 것이다. '인격'의 과잉은 그녀의 이론에서 이 풀기 어려운 '본질'을 대신한다. 더 나아가 이 과잉은 존재를 드러내는 단순한 사유이거나 언어도 아니다. 이 '인격'은 삶의 조건의 핵심에 자리하기 위해 오고, 다른 사람과의 활동의 조건이며, 어떤 절대적인 방식으로도 '인격'을 규정하지 않는 조건들이다. 과잉으로서의 '인격'은 생물학적인 삶, 자연과의 물질대사적 공생, 그리고 '작업들'과 '생산물'의 구체성으로부터 자신을 끊임없이 찢어 냄으로써 도달되는 것이다. 그것은 하나의 '근원'처럼 보이지만 '인격'은 무엇보다

---

7) Ibid., pp.193-4.

도 무한한 방식으로 *사실 이후*after the fact에 자기를 창조한다. 즉 '인격'은 헤라클레스적 암호의 방식 속에서 *무엇*quid이 더 이상 존재하지 않을 때 많은 다른 증거들이 상세히 열거하는 방식으로 판독될 수 있다.

> 다른 말로 하면, 인간 본질—(존재하지 않는) 일반적인 인간 본성이나 각 개인에게서의 자질과 약점의 총체도 아닌 어떤 사람이 누구인가의 본질—은 생이 다른 것이 아닌 이야기를 남겨 두고 떠날 때만이 존재에로 불려진다 … 아킬레스라 하더라도 … 이야기꾼, 시인, 역사가에 달려 있으며, 그들이 없으면 그가 한 모든 것이 제구실을 못 한다….[8)]

그는 자신이 사멸적이고, 종種으로 지속하는 것이 아니라 대신 다수와 서로 갈등하는 의견의 말해진 기억에 속한다는 것을 알기 때문에 '인격'은 '*무엇*'(*a quid*)이 되기를 그치고 '작

---

8) Ibid., pp.193-4.

업'뿐 아니라 '작품'을 '행위'로 바꾸려고 한다. 과거와 미래를 향해서 말해지고, 기획되고, 다른 사람들과 나누어지는 행위인 것이다. 그러므로 아렌트는 단테를 인용하면서 행위를 어떤 주어진 인물의 하나 됨을 계시하는 것으로 찬양한다; '… 모든 행위에서 행위자가 자연적 필요에서건 또는 자유 의지로부터건 그가 우선적으로 의도하는 것은 그 자신 이미지의 드러냄이고, … 행위함으로써 그것이 자신의 감추어진 자아를 드러나게 하는 것이 아니라면 아무 것도 행위하지 않는 것이다.'[9]

행위의 활동성 안에서 '인격'의 지시자는 다름 아닌 *특별함* *extraordinary*인데, 그러나 어떤 오만한 배타성으로 이해되는 것이 아니라 그리스적인, 모든 시민이 나누어 가지는 것으로 여겨지고, 어거스틴 이후의 신학적인 전통에서는 '유일성'이라는 개념으로 발전된 *영웅hērōs*이라는 정의의 의미에서다. 전체주의적 대중화에서 아렌트가 느끼는 공포가 그녀가 둔스 스

---

9) Dante, *De monarchia*, 1.13, in Arendt, *The Hman Condition*, p.175.

코투스에게서 발견한 '인격'의 고유성에 대한 열정의 용어로 여기서 표현되는데, '난해한 박사' 둔스 스코투스에 따르면, "이것"thisness(*haecceitas*)이라고 특징지어질 수 있는 '오직 특별한 것(*res*)만이 인간에게 실제적이라고 말해질 수 있다.'[10] 아렌트는 또한 인간을 '뛰어나게' 유일한 것으로 만드는 그의 *개인적 원리Principium individuationis*를 환기시킨다. 그녀는 열정적으로 이 입장을 지지한다. 둔스 스코투스의 '*이this* 사람'이라는 가치 부여는 인간을 종種의 수준보다 더 높은 수준으로 고양시키고, 그러나 이것은 또한 둔스 스코투스보다 앞선 모든 인류의 사고보다 더 훌륭한 수준이고 사고의 보편성보다 우수하다. 더 나아가서 의지에 대한 지성의 우위를 거부함으로써 둔스 스코투스는 정신적 힘에 유일성을 선사할 뿐 아니라, 또한 욕망과 추론의 힘을 해방시키고, 인간의 일을 저주스러운 우연성에 맡기는 모든 인과성에 대항하면서 이제까지 들어보지 못한 자유를 고유한 인간에게 수여한다. 마침내 지성은

10) Arendt, *The Life of the Mind.* 2. Willing, p.120.

최종적으로는 직관에 뿌리박고 있기 때문에 우리가 '이' 자질(*haecceitas*)이라는 견지에서 무엇인가를 파악할 때 그 파악은 항상 불완전하고 부족하다. 그러나 *최고선summum bonum*, '최상의 것'에 대한 성찰을 통해서 원함은 사랑으로 전환되고, 어거스틴에 의해서 열려진 길을 현실화한다. *사랑한다는 것: 원함과 같은 것이다*Amo: volo ut sis: '사랑은 활동으로 파악된다'라고 아렌트는 쓴다. 하지만 그것은 단지 정신적 활동이 아닌데, 왜냐하면 이 *자질*haecceitas의 최고는 '그 대상이 감각으로부터 부재하지 않고' '지성에 의해서는 불완전하게 인지되도록' 남아 있기 때문이다. 이 사고와 감각적으로 파악된 행위의 합체는 아렌트가 이미 그리스 영웅 사상에서 찾은 것인데, 여기 스코티시적 행복에서 *이 자질*haecceitas의 매개를 통해 현실화되고, 단순히 마음에 있는 모습이 아니라 그 자체 안에 있는 대상의 온전하고 완전한 도달이다.[11] 둔스 스코투스는 그의 자

---

11) John Duns Scotus, quoted by Arendt in *The Life of the Mind*. 2. Willing, p.144.

유의 철학과 우연성에 대한 선호를 통해서 아렌트에게 '*인격*' 의 유일성에 대한 성찰과 사고와 감각적 지각 사이의 긴장에 대한 성찰을 원함과 사랑의 최전선에서 심화시키는 기회를 준다. 이 정신에서 그녀는 또한 13세기 프란치스칸 피에르 올리외Pierre Olieu의 작품에 대한 주석을 하는데, 이 의지의 철학자는 '자아의 자신과의 실험'*experimentum suitatis*이라는 용어를 통해 '인격'의 고유성에 대한 이러한 대안적 파악 속에서 단순히 '주어진' 것을 뛰어넘는다.[12)]

'인간 일의 덧없음' 속에서 '인격'을 밝히고자 애쓰면서 아렌트의 물음은 두 전선에서 계속된다. 그 하나는 공적 영역의 고통스러운 결속 안에 기초 존재론을 정박시키는 일인데, 그 결속의 도움으로 '인격'의 존엄을 더욱 확증하고 간직하기 위해서다. 다른 하나는 이 일로부터 나오는 정치적 사유는 오로지 '정치'라는 표제 아래서 초래된 것을 제거하는 일일 수 있다는 것이다. 아렌트는 유다 마그네스Judah Magnes에게 다음과

12) Arendt, *The Life of the Mind*. 1. Thinking, p.74.

같이 쓸 수 있었다; '우리 시대의 정치는 거의 절망의 일이고, 나는 항상 그로부터 달아나고 싶은 유혹을 받았다.'[13] 그런데도 거기로부터 정치뿐 아니라 그것이 함유하는 인간론에 대한 명확하고 완벽한 검토와 분석이 뒤따른다.

'인격'에 대한 반대로써, *몸the body*은 아렌트에 의해 두 가지 방식으로 생명 과정의 작인作人으로 이해된다. 다산성(생식력)과 노동이 그것이다. 자연의 물질대사를 보장하면서 몸은 종種의 재생산과 필요의 만족을 실현시킨다. 여성들과 노예들이 노동에서 그 몸을 체현하는데, 이것은 인간적인 것의 제로 수준이며, 생물학적 삶, 또는 생명zōē의 첫 번째 표현이다. 몸은 결코 자연을 초월하지 않고, 사적인 영역에서만 활동하기 위해서 세계로부터 물러난다. 종種과 그것의 유지에 갇혀서 이 몸은 바로 그 사실 때문에 '사람들이 서로 나눌 수 없는 유일한 것'으로 나타나고, *사적 재산private property*의 범주가 된다. 세계로부터의 물러남 속에서 노동과 그것의 기관인 몸은 인간

---

13) Young-Bruehl, *Hannah Arendt: For Love of the World*, p.233.

적 측면의 '가장 적게 공통적인' 것들이고, 정념의 대상이 되어서 아렌트가 대위적으로 제시하는 *세계 사랑*the amor mundi을 상기하지 않는 한 결코 가능할 수 없는 폭력이다.

또한 매우 의미심장하게도 이 몸은 감각들이나 지각들을 인식할 수 있는 것처럼 보이지 않는다. 마지막에 아렌트는 사람들이 오직 모습으로 *드러나는 한에서*appear *존재한다*are는 것을 기억하면서 다른 감각들과 지각들을 포섭하는 *시각*sight을 강조한다. 그리고 인지한 것을 바로 언어의 구조 속에 내포시키는데, 그것이 비록 근본적으로 은유적이라 할지라도 그러하다.[14] 그녀는 또한 '나타나는 것의 환상'을 흩어 버리는 일과 만약 우리 우주가 보이는 것과 보이지 않는 것의 교차라고 한다면 유일한 진실에 도달하는 일이 불가능하다고 한 메를로 퐁티를 환기시킨다.[15] 그러나 '*인격*'을 위한 길을 열고자 하는 우리 이론가의 야심인 『인간의 조건』The Human Condition에서

---

14) Arendt, *The Life of the Mind.* 1. Thinking, p.98ff.

15) Ibid., pp.23, 33.

몸은 재생산과 생산, 생물학과 노동을 통해서 그 자신을 공공연한 적enemy인 소외의 핵심 차원은 아니라 하더라도 *동물zōē*로부터 떼어 내는 중요 목표로 제시한다. 그러므로 이 '무거운 짐'의 우주에서 그 몸에게 해당하는 유일한 경험은 고통 외의 다른 것이 아니다. 즐거움은 오직 고통에 동화될 수 있기 위해서만 언급된다. 두 가지 모두 '몸 안에서 일어나고,' 어떤 외부적 대상을 가지지 않는 것으로 보이며, 그 자신을 일종의 자폐적 폐쇄 속에서 완전히 소비하는 것 같다. 그 어떤 것도 '몸의 삶에 대한 배타적인 집중, 노예 상태나 참을 수 없는 고통의 극단에서 강요된 집중보다 한 사람을 세상으로부터 극단적으로 추방하지 않는다.'[16] 아렌트는 종종 자신 텍스트에서 대상 없는 고통, 오로지 육체적이며 공유 불가한 고통의 주제를 가져온다. 우울한 경험과 한층 연관하여 이 고통은 어떤 공유가능한 성애화, 예를 들어 가학피학성 성애의 시점에서 누군가에게 천천히 스며드는 유혹적인 우연성과는 무관하다. 이러

16) Arendt, *The Human Condition*, p.112.

한 탈성애화의 고통에 병행해서 아렌트는 행복의 스토익적 입장을 빌려 오는데, 그 행복은 '고통의 부재'와 다름없으며, 오직 고립 속에서만 도달할 수 있다. 쾌락주의뿐 아니라 감각론에 합당한 개념이고, 그것은 아렌트가 이 둘이 가장 논리적으로 가능하다고 여기고, 또한 육체적 감각들의 '완전히 비정치적인' 속성을 잘 증명한다고 생각하는 개념이다.[17)]

아렌트적 몸은 비정치적인 것에 만족하지 않으면서 일반적인 순서에 따르는 존재로 보여지기도 한다. 즉 만약 무엇인가가 필요한 경우 그 몸을 '인격'의 정반대편에 두는 보충적인 논의 말이다. 아리스토텔레스의 『영혼에 대하여』De Anima로부터 지지를 받는 이 주장에 도취되어서 아렌트는 몸의 장기臟器들과 마음의 상태들이 '동일하고', 개인적 차이는 오직 나타남의 공간에서 명확하게 선언된 담론에 의해서만 끼어드는 것으로 믿는다. 종합하자면, 만약 영혼과 마찬가지로 몸의 기관들이 눈에 보이지 않게 숨겨져 나타나지 않는다면 개인화를

17) Ibid.

위해서 무엇이 필요한 것인가? 장기와 영혼은 그러므로 한 방식으로 일반적인 순서에 속한다고 말할 수 있는데, 그들은 나타나지 않으므로 근본적으로 '비정치적'이기 때문이다.[18] 누군가는 아렌트와 더불어 논쟁하면서 DNA와 같이 가장 감추어진 생물학적 몸이야말로 반대로 가장 개인화된 것이 아니냐고 하고 또한 차이의 공간으로서 공적 영역을 구하기 위한 그녀의 야망이 쓰는 논증이 항상 검토를 견뎌 내지는 못한다 해도, 참 고결하다고 말할 것이다.

우리는 아렌트가 몸이 생물학적이고 단순히 '인격'의 유일성에 장애가 된다는 이유로 별 흥미없는 일반성에 귀속시키는 일을 통해서 그녀가 심리학과 정신분석을 뒷전으로 놓는 일을 허락하는 것을 간단히 주목할 수 있다. 그녀가 믿는 대로 우리(몸의) 기관이 공통적으로 가지고 있는 것이 무엇인지 주목하는 의학이나 생리학과 비교해 보았을 때 —물론 그러한 일을 하지만 그 이상의 연구이기도 한데! —아렌트는 둘(심리학과

18) Arendt, *The Life of the Mind.* 1. Thinking, pp.33-4.

정신분석학)을 함께 비난한다: '심리학, 심층 심리학 또는 정신분석은 계속 변하는 기분, 우리 심리적 삶의 오르내림 외의 다른 것을 보여 주지 않는다. 그리고 그 결과와 발견물들은 특별히 더 흥미를 돋우는 것도 아니고, 그 자체로 특별히 의미 있지도 않다.'[19] 여기서 '특별히 흥미를 돋우지 않는다'는 표현이 의심할 여지 없이 다음을 가장 잘 폭로하는 것이다: 즉 정신분석학이 '흥미를 돋우지 않을 뿐' 아니라 위협적이라는 것이다. *그녀*를 오싹하게 하는 것이다. 그러면서 그녀는 '단조로운 동일함과 만연한 추함이 현대 심리학 발견의 주요한 특징'이라고 말하면서 더 나아간다. 단조로움 또는 추함이라고? '주장하는 것은 항상 같다', '오직 무질서와 비정상이 그들을 개인화할 수 있다'[20]라고 아렌트는 말한다. 누가 추함과 반복과 역기능을 두려워하는가? 더 중요하게는, 아렌트의 평상시 엄격함에 어울리지 않는 정신분석학적 통설의 시각을 제외하고는 정

19) Ibid., p.35.

20) Ibid.

신분석학이 '보편'에 처박혀 있다라거나 또는 '이야기'에 손해를 끼친다는 것은 진실이 아니다. 정반대로, 프로이트의 발견은 만약 정신적 삶이 자신을 고유하게 표현하는 일에 성공하기만 한다면 그것이 진정한 삶이라는 것을 보여주었다—그것이 참으로 각 주체의 시론詩論이고, 산파술인 고유한 이야기 안에서 말이다. 또한 그것은 부득이하게 성적이거나 또는 치명적인 '흥분'이나 충동의 '추함'의 순간에도 나타나는데, 분석가에게 그 순간들은 어떤 사람이 그것을 확실한 방식으로 표현하고 말했을 때만 존재하는 것이다.

여기서 우리는 아렌트의 방어를 만난다. 그녀의 개인적이고 정치적인 경험의 축적은 그녀를 '인간 일의 덧없음'을 승화시키는 일로 이끌었는데, 그녀는 인간 일의 덧없음의 '행위와 *and* 말'이라는 이종성異種性과 그 고통스러운 특성을 지적한다. 그녀는 이 승화를 하나의 *정치politics*라고 부르는데, 그 단어의 문법적인 단수형을 강조하면서 개념과 실행의 범위를 크게 확장하여 그리한다. 그와 동시에 다른 사람 존재의 복잡한 덧없음도 크게 확장하지만 자신을 그 다른 사람의 독단주의에 가두지는 않는다. 이 기획의 범위는 우리의 존중을 요구하는데, 그리하여 그 저자에게 그가 달성하지 못한 것이나 결핍의 이유, 또는 원인 등을 요구하는 일은 옳지 않은 것 같다.

우리는 아렌트가 몸과 혼의 유일성을 마주하는 일을 거부한 것이 그녀로 하여금 폭력의 경험, 특히 전체주의와 현대 좌익 운동의 부분인 정치적 폭력에서 가학 피학성 성애의 역할을 고려하는 일을 부인하도록 했다는 것을 기억해야 한다.[21] 우리 정치 해설가와 정치학도 아렌트는 현대 폭력의 정치적 원인을 정치적 힘의 쇄락에서 찾는데, 정치적 힘의 쇄락은 약함에 대해서 보상하고 힘을 굳히기 위해서 강제와 위압으로 이끄는 것으로써, 핵무기처럼 현대 멸종 기술의 놀라운 수준까지 전개되고 있다는 것이다. 오늘 이 심리적 요인—특히 가학

---

21) '전쟁이 여전히 우리와 함께 있는 주된 이유는 인간 종의 비밀스러운 죽음 소망도 아니고, 억누를 수 없는 공격 본능도 아니다 …' (*On Violence* [New York: Harcourt Brace and World, 1970], p.5).

피학성 성애 — 은 이 현상의 '조건들'이나 '결정화'를 온전히 파악하도록 하는 데 무시할 수 없는 요소들로써 이 분석을 풍성하게 해준다.

아렌트가 기독교 교회에서의 *권위*authority 개념, 특히 그 권위가 근거하고 있는 지옥의 공포와 싸울 때 이 가학피학성 성애의 주제를 건드릴 것이다. 보상과 징벌의 상호작용과 그것으로 일깨워져서 믿음의 기초가 되는 진한 공포가 타당하게도 그녀에게는 '전통 종교에서의 유일한 정치적 요소'를 구성하는 것으로 보인다. 하지만 그녀는 이 역학의 기초적 심리적 토대들도, 또한 그녀가 그처럼 정치적 연결을 위해서 제안하는 필요한 지지 논의들도 다루지 않는다. 그녀는 세속화된 현대 세계의 중심에서 이 공포와 권위의 연금술의 특별한 운명을 분석하지 않는다. 이 세계는 확실히 지옥의 공포를 없앴지만 그녀가 그 안에서 '인간 삶의 불확실성'이라고 부르는 가학피학증의 역할을 전혀 제거하지 않았다.[22] 이것은 아렌트가

---

22) Hannah Arendt, 'What Is Authority?' in *Between Past and Future,*

오히려 그것 없이 하려는 요소인데, 의심할 여지 없이 개인적인 것이라 부를 수 있는 이유 때문이고, 또한 그녀 사유의 일관성을 유지하기 위해서이다. 그녀에게는 최적의 정치적 다원성의 심장부에서 '인격'의 자유를 구하는 일과 그것을 어떤 조종할 수 없는 무의식에 넘기지 않는 일은 매우 중요하다. 그녀는 또한 '어떤 주어진 사람의 인격성(who)'을 그 몸에서 박탈하는 일을 감행한다: 아마도 방해물일 뿐 아니라, 또한 그 (몸의) 가변성이라니!

이 방어들과 겸손은 아렌트가 판단judgement의 기원을 분석할 때 잠깐 거의 그녀를 실망시켰다. 판단은 정치 영역에서 핵심적인 활동인데, 왜냐하면 사유가 '확장된 정신'과 '보편적 의미'에 참여하기 위해서 독단주의를 통과하는 것은 판단을 통해서이기 때문이다. 그리고 다원성이 '좋다'라는 생각에 찬성하거나 또는 반대를 결정하는 것, 그것을 판단하는 능력은 칸트에 따르면 *미감*taste에 뿌리를 내리고 있다. 아렌트는 이

---

p.112.

인도를 따른다. 이것은 우리에게 다른 감각들(듣는 것과 시각 또는 터치)보다도 훨씬 내면적인 구두적 미각과 냄새를 동원하는 모든 것 중에서 가장 내밀한 감각 인식이다. 미감은 존재의 고유한 질을 가지는데, 그런데도 다른 사람들과 공유할 수 있는 어떤 것을 가진다. 판단은 상상을 통해서 그것을 이용하고 미감을 정치 영역으로 확장한다. 하지만 다른 사람과 공유할 수 있는 무엇이기 전에는 미감은 단지 구별하는 … *쾌감과 불쾌*pleasure and displeasure를 식별하는 능력일 뿐이다. 여기에 우리가 있다! 아렌트는 지금 그녀의 마지막 작품에서 몸과 그의 쾌감을 경험하는 능력과 마주하고 있는 것인가? 우리 이론가의 펜pen은 지금 판단의 기준으로 쾌감을 가져왔나? 우리는 아직 그 지점은 아니다. 아렌트는 칸트와 함께 사물들을 그들 사이에서 고르기 위해서 분별하는 쾌감을 빠르게 넘어선다. 쾌감은 오직 두 번째 '쾌락'을 가져오는 단계인 '승인/거부'로 번역될 수 있는 한도 안에서만 관심을 끌며, 판단의 원형으로 여겨질 수 있을 것이다. 그것은 바로 쾌감을 주는 것을 승인하는 행위이고, 불쾌감을 주는 것은 거부하는 행위이다. 무엇이 이 '두 번째 쾌락'의 기준이고 그것이 명령하는 선택인가? 아렌트는 발설하기를 '소통가능성', '공적이라는 특성' 외에는 아무것도 없다고 주장한다.[23] 빠르게(너무 빠르게?) 대상들을 '성찰의 작동'을 위해 준비시키는 '상상'의 길에 내어놓으면서 아렌트는 첫 번째 쾌락, 맛을 보거나 즐기는 몸의 쾌락을 무시했다. 그러나 그 무엇도 판단이 그 역할에서 즐기거나 즐기지 못하는 몸을 완전히 '잊었다고' 보장할 수 없다. 프로이트는 칸트를 따라서 이 첫 번째 구강 중심 쾌락의 역동성에 관심했다. 아렌트는 오히려 모를 수 있다. 이 '전前 정치적인 추함'이 확실하게 '매력적'이지 않다는 것을.

이런 맥락에서 여성적 몸은 아렌트로부터 다른 어떤 것보다 더 관심을 끌지 못한다. 우리가 우리 철학자는 그 몸을—그녀가 여성성에 대해서 성찰하는 모험을 감행했다면—인간이 조

23) Hannah Arendt, 'Judging,' in *The Life of the Mind*. 2. Willing, pp.256-64.

*에*zōē를 *비오스*bios로 변형시키기 위해 거기서부터 물러나야 하는 자연적 과정의 영역에 두었을 것이라고 여긴다면 그녀의 사고를 왜곡하는 것은 아닐 것이다. 생물학적 삶에 승리하기 위해서는 여성이나 노예에 반하는 정치적 삶이 유일하게 고상한 영역이 아닌가? 그런데도 아렌트 사고는 여기서 점점 더 복잡해진다. 왜냐하면 '주어진' 것(예를 들어 신체)은 '인격'의 긴장 안에 포괄되어 있고, 그런 의미에서 그 자신의 권리로 '감사'와 '묵인'을 마땅히 받을 만하기 때문이다. 그러므로 아렌트는 자신의 여성성을 그녀가 유대인성에 대해 그러하듯이 단순히 거부할 수 없이 그 자체로서 받아들이는 '주어진' 것으로 생각한다. '진실은 나는 결코 내가 지금 존재하는 것과는 다른 것, 또는 다른 방식인 것처럼 하지 않았다는 것이다. 그리고 나는 결코 그런 방향에서 유혹을 느끼지 않았다. 그것은 마치 내가 여성이 아니라 남성이었다고 말하는 것과 같은 것이었을 터인데 — 그것은 일종의 미친 것이다.'[24] 아렌트의 이러한 평

24) 숄렘에게 한 그녀의 답을 보라, in *The Jew as Pariah: Jewish Identity*

온함에 더해서, 그녀가 스피노자의 '내적 만족'(*acquiescientia in seipso*)이라는 것에 주목하고, 그것이 '조화 속에서 사는 것'을[25] 가능하게 하는 이성으로부터 탄생했다는 것을 환기한다면, 우리는 너무 틀리지 않게 믿음faith은 아니더라도 일종의 신뢰confidence가 아렌트가 자신의 몸을 그대로 받아들이는 일에 놓여 있다는 것을 상상할 수 있다. 은연중에, 그리고 그녀의 사고에 포괄되어 있는 모순을 넘어서 그녀는 우리로 하여금 몸이란 참으로 굴종적이지만 동시에 하나의 선물이자 은총이라는 것을 이해하게 한다. 하나의 '개인적인' 것, '만약, 그리고 네가 집에 온다면' 의식과 사고 둘 다 묵묵히 따르는 '사유하는 자아'와는 구분되는 '자아'의 양상인 것이다.[26]

동일한 생략적 함축적 신중함으로 아렌트는 두 성two sexes 사이의 구분은 이미 창세기 1장 17절 속에 선언되어 있다고

---

and Politics in the Modern Age (New York: Grove Press, 1978), p.246.

25) Arendt, *The Life of the Mind.* 1. Thinking, p.191.

26) Ibid.

밝힌다. 신은 확실히 아담을 창조했으나 창조 이야기는 동시에 '그는 그들을 남자와 여자로 창조했다'라고 분명히 밝혔다는 것이다. 우리 철학가에 따르면 이 텍스트는 인간적 다양성은 행위에서 필요한 조건이라는 것을 제시해 주는데, 남자와 여자 사이의 최초의 다름이 처음부터 다양성을 구성한다. 아렌트는 예수가 창세기 1장 17절을 반향한다고 덧붙인다. 왜냐하면 그의 믿음은 *행위*action에 연결되어 있고, 결과로서 처음부터 우리에게 '그가 여자*와*and 남자를 만들었다'는 것을 상기시켜야 하기 때문이라고 밝힌다. 한편 그의 믿음이 먼저 *구원*salvation과 관련되어 있는 성 바울은 종종 여자는 '남자에서' 그리고 '남자를 위해서' 창조되었다는 것을 반복하기 좋아한다.[27] 그래서 여성성은 우리의 첫 번째 기원으로부터 주어진 것일 뿐 아니라 우리가 알기를 아렌트에게서 정치적인 것의 핵심이 되는 행위를 위한 본질적인 차이라고 보여진다. 여성성은 자신을 노예처럼 몸에 한정하지 않지만 참으로 세계의

27) Arendt, *The Human Condition*, p.8 and note 1.

다원성, 그가 참여하는 다원성을 구성한다는 것이다.

아렌트는 *세계 사랑*amor mundi에서 무엇이 여성성의 궁극적인 역할이고 본질인지에 대한 이 예비적인 사고를 따라가지 않았다.[28] 감히 말하건대 그녀는 각자와 모든 사람의 차이를 주창하는 일에 전념했는데, 그래서 한 '인격'으로서의 그녀 고유성을 무화시키고자 했을 수 있는 어떤 운동이나 그룹에 동화되지 않도록 자신을 방어했다. '다원성은 인간 행위의 조건인데, 왜냐하면 우리는 모두 같기 때문에, 즉 인간이기 때문이다. 비록 어느 누구도 이미 살았거나, 살아 있거나, 또는 앞으로 태어날 사람과 결코 동일하지 않다는 것이 사실이기는 해도 말이다.'[29] 참으로 우리가 전체주의로부터 어떤 더 좋은 교훈을 얻을 수 있을 것인가? 페미니스트 시절, 나는 한 여성으로 존재하기라는 문제에 바쳐진 텍스트에 다음처럼 '한 여성

---

28) Cf. Linda M.G. Zerilli, 'The Arendtian Body,' in *Feminist Interpretations of Hannah Arendt, ed. Bonnie Honig* (Universtiy Park, PA: Pennsylvania State University Press, 1995), pp.167-93.

29) Ibid., pp.167-93.

(Unes femmes)'이라고 제목을 붙였다. 그룹의 복수 안에서 문법적 단수를 유지하면서 말이다.[30] 프랑스와즈 콜린Franscoise Collin이 편집장으로 있던 '*그립 노트*' *Les Cahiers du Grif*에서 출판되었는데, 그녀는 열정과 섬세함을 가지고 한나 아렌트 작품에 관심을 가졌던 첫 사람들 중 하나이다.[31]

30) 불어의 'une'는 영어의 'a'와 마찬가지고 단수 관사지만, 여기서 크리스테바는 여성들이 모여 있는 그룹을 표시하는 데서도 그 그룹 속 각 여성 나름의 고유성과 유일무이성을 동시에 드러내기 위해서 'une'에 복수형 접미사 's'를 붙여서 'unes'로 했고, 'femme'에도 's'를 붙여서 'femmes'로 했다. : 옮긴이

31) *Les Cahiers du Grif* 7 (1975): 22-7; and *Anthrologies des 'Cahiers du Grif': le langage des femmes* (Brussels: Editions Complexe, 1992).

5

판단

한나 아렌트의 마지막이자 미완성 저술은 지고의 정치적 행위인 판단에 바쳐졌다. 그것은 1970년 가을 뉴스쿨에서의 칸트 정치철학에 관한 강의와 '상상력'Imagination 이라고 불리는 『판단력 비판』Critique of Judgment에 관한 세미나를 포괄하는데, 칸트도 아렌트도 정교하게 만들어 내지 못했지만, 우리가 오직 꿈꿀 수만 있는 미래 정치철학의 매우 도전적인 기초들을 제공한다. 지금부터 나는 아렌트가 이해하기는 했지만 결코 다층적인 궤도 속에서 조직화하지는 못한 이 정치철학에 대해서 해설하려고 한다. 판단에 대한 그녀의 마지막 텍스트뿐 아니라 그녀가 1958년부터 『인간의 조건』The Human Condition에 대해서 했던 몇몇 성찰들을 포함한다.

그녀가 -칸트에 이이서-정치철학을 위한 기초로 제시하는 '판단'은 하나의 '인지 판단'Cognitive juidgement이 아니다. 본질적으로 공통감각common sense에 의한 미감의 승인으로서 그것은 이해understanding를 문제 삼지 않는다. 그것은 또한 헤겔 방식의 '역사에 의한 판단'이 전혀 아닌데, 헤겔에게는 '세계 역사는 세계 법정'이고, 마지막 선택의 특권을 오직 성공에게 수여하는 개념이다. 칸트는 프랑스 혁명의 '관점'view에서 뿐 아니라 미감에 대한 18세기의 많은 논문들로부터[1)] 영감을 받았

---

1) 그리하여 볼테르는 '미감'으로 파악되는 것의 창조에서 사회의 중요성과 그의 결속력을 강조한다. 사회가 없다면 정신은 위축되고, 약해지고 더 이상 '*미감*' taste을 창조할 수단을 갖지 못한다. 그는 거기서 미감은 오직 유럽 사람들만이 가질 수 있는 것으로 인식하는 데까지 멀리 가고, 다른 사람들은 그들 사회를 충분히 '완성하지' 못해서 그렇다는 것이다. (Cf. *백과전서*Encyclopēdie에 있는 '미감'에 관한 기사) 좀 더 뉘앙스를 넣어서 몽테스키외 미감을 쾌감 다음에 두는데, 그럼으로써 몸뿐 아니라 혼을 암시한다. '미감의 대상을 형성하는 것은 우리 혼의 여러 가지 쾌감들이다 … 그것은 어떤 대상이 인간들에게 줄 수 있는 *쾌감의 정도*measure of pleasure[강조가 더해져서]를 신속하고 섬세하게 발견할 수 있는 능력 외의 다른 것이 아니다.' 그는 *자연적*natural 쾌감들과 미감들을 획득된 쾌감들과 미감들로부터 구분한다. 쾌감들은 본질적으로 몸 또는 우리 '기계'의 이런저런 '기관'에 종속되고, 진정으로 '같은 기관들의 다른 짜임새'와 '우리가 잘 모르거나 이해하지 못하는 규칙들의 신속하고 훌륭한 적용의 과정에 종속된다.' 더 섬세하게는, 우리 혼은 한 쾌감을 이념과 감정들을 통해서 받는데, '동시에 한 특별한 기능으로서 그 자율성을 유지하면서 그러하다. 왜냐하면 '그것들을 느낄 수 없을 만큼 그렇게 지적인 것은 어떤 것도 없기 때문이다' (*취미에 대한 에세이*Essai sur le gout [Geneva: Droz, 1976], pp.61-2, 64-6).

음에 틀림없다. 아렌트는 전적으로 확실하게 그 텍스트들을 몰랐고, 그래서 그녀가 감각들의 상호작용과 의견의 무언극에 대한 연구에서 제한되었다는 것을 애석해하지 않을 수 없다. 그럼에도 칸트의 텍스트는 인간의 사회성과 그가 소통을 통해 얻는 기쁨을 인정하면서 철학자 아렌트에게 '프랑스 도덕주의자 중의 한 사람이 쓴 것 같은 인상'을 준다.[2)]

이 사유의 계통이 끝까지 완성되지 못한 까닭에 독자들은 이런 종류의 '미적 판단력'에 근거한 정치 공동체가 어떤 것일 수 있는지를 단지 추측할 뿐이다. 그 판단력이란 자신의 미각에 기초하여 이성적 이해를 불러오지만 배울 수 없고, 오직 실행할 수만 있는, 즉각적으로 소통가능한 판단을 말한다. 이것이 — 성적 쾌락에서는 제외한 — 프랑스 도덕주의자들의 유토피아를 실현한 것인가? 또는 니체의 '순진무구한 미래'의 실현? 니체의 개념처럼, '도덕적 사실들'은 포함하지 않으면서 본능적으로 디오니소스적 '미각'을 도덕화하고, *공통감sensus*

---

2) Arendt, *Lectures on Kant' Political Philosophy*, p.11.

*communis*의 매개를 통해서 그것을 '의무'로 변형시키는 어떤 것인가? 마침내 그것은 하나의 미학적 정치일 수 있지 않을까? 단, 구술하는 행위를 '작품들'로 객체화하지 않으면서 말이다.

이 가설들은 이율배반적이고 증명할 수 없는 만큼 매력적이다. 중요한 것은 사유를 위한 흥미인데, 그것은 아렌트와 함께 보편적인 것과 특수한 것, 개인적인 것과 다원성 사이의 연결을 위한 토대를 찾는 일을 결코 그만두지 않는 것인 바, 공정하면서도 자유롭게 함께 살아갈 수 있는 인간 조건을 주장하기 위해서다.

가다머가 칸트 미학에 가한 비판, 즉 *공통감 sensus communis*의 이상을 '비정치화했고', 미감 능력을 미학화했다는 비판과 더불어 하버마스가 아렌트에게 가하는 다음과 같은 비판을 생각해 볼 수 있을 것이다.[3] 하버마스는 그녀가 판단의 인지적 차

3) Juergen Habermas, 'Hannah Arendt's Communications Concept of Power,' *Social Research* 44 (1977), quoted by Ronald Beiner, 'Hannah Arendt on Judging,' in Arendt, *Lectures on Kant's Political Philosophy*, p.137.

원을 부정했으며, 실천(정치적) 담론을 이성 담론으로부터 분리시켰다고 비난한다. 아렌트에게는 정치적 확신에 인지적 차원을 두는 것은 의견을 유감없이 위험에 빠뜨리는 것이다. 그녀는 전체주의에 대한 정치적 경험을 통해 의견은 구체화에 의해서 생겨난다는 것을 이해했다. 그래서 그녀는 미적 판단과 미감, 직관 그리고 상상을 포괄하는 일을 통해서 정치를 확장하면서 실증적 합리성에 주요한 균열을 일으킬 수 있다. 가다머와 하버마스에 의해 제안된 독법과는 반대로 나는 아렌트와 칸트의 판단에 대한 관점과 그 정치적 범위들에게 그것들을 제한하지 않고, 오히려 어떤 이들이 전前-전조적 현상학이나 더 급진적으로 무의식 이론을 적용하는 것을 계획한 '직관적' 경험의 심화를 요구할 수 있다.

'네 번째 비판', 칸트가 사실 쓰지 않았지만 아렌트가 의심할 여지없이 저술하려고 생각한[4] 『정치이성 비판』a Critique of

---

4) Myriam Revault d'Allones, '판단의 용기,' in Hannah Arendt, Juger, trans. M. Revault d'Allones (Paris: Seuil, 1991), pp.218-19, Heidegger's

Political Reason은 이 판단력에 대한 강의를 통해서 마침내 겨우 건드려지기만 했다. 역사-정치적인 관찰자 아렌트는 보다 급진적인 방식으로, 그리고 이 사고의 영역을 포기함이 없이 판단의 이율배반적 양상으로서의 '용서'와 '약속'의 경험을 통해서 이미 이 사고를 적용하는 시초를 발견한 것이다.

다시 말해 아렌트에 따르면, 판단은 이성적 이해의 장악력으로부터 자유로워졌을 때 매우 취약해 보인다. 그러나 그런데도 고유하지만 여전히 소통할 수 있는 미각을 가진 관객들로 구성된 인간 공동체의 불확실성 안에서 그것이 가능한 것

---

interpretation-La problématique de la Critique de la raison pure, a savoir la question de la possibilité de l'ontologie, nous constraint en retour a faire du sol proprement dit un abime (Ernst Cassirer and Martin Heidegger, Debat sur le kantisme et la philosophie [Paris: Beauchesne, 1972], p.4)-along with the reinterpretation by Arendt of the *Critique of Judgment* and of its 'political slant' that seeks to overturn the foundations of political discourse since Plato, however much it represents a 'definitive avoiding of politics.' See also *Ontologie et politique: actes du colloque Hannah Arendt*, ed. Michel Abensour et al.; im particular, Christine Buci-Glucksmann, 'La triosième critique d'Arendt,' pp.209-25.

으로 여겨질 때 그러하다.[5] 하지만 이것은 만약 인격who의 계시로서 정신의 삶을 위한 장소를 허용하는 것이라면, 그리고 그것이 잠재적으로 전체주의적 가치의 '시스템'으로서 고정되는 것이 아니라면 필요한 조건이다. 그리고 우리는 만약 아렌트가 그녀의 판단을 끝낼 수 있었다 해도 좋은 판단을 위한 어떠한 처방전도 쓰지 않았을 것이고, 또한 거기에 도달하는 길을 보여 주기 위해서 애쓰지도 않았을 것을 쉽게 알 수 있다. '인간 일의 덧없음'에 대해 끌리고 염려하면서 그녀는 판단에 대한 두 가지 걸림돌에 관한 그 전의 저술(『인간의 조건』The Human Condition)에 머무는데, 그 걸림돌은 생명 과정에서 인간적 시간의 단선적 경험을 따르는 것처럼 보이고, 더 확장하면 정치의 현대적 실천에 있는 것으로서 *불가역성irreversibility*과 *예측 불허성unpredictability*이 그것이다.

---

5) '…판단은 연역이나 귀납에 의해서 도달되지 않는다… 우리는 "조용한 감각"의 탐색에 있을 것인데 … 그것은 항상 "미감"으로 생각되어져서 미학의 영역에 속하는 것으로 여겨지는 것이다' (Arendt, *The Life of the Mind. 1. Thinking*, 1990), p.88.

살아진 시간은 돌이킬 수 없는 현상으로서 취소할 수 없는 가운데 원한과 복수 속으로 미끄러지는 사람들을 결박한다. 니체는 이 '인간 동물'이 '더욱 파괴적인 과거의 무게에 결박되고', —마치 모든 것을 잊기 때문에 고통을 당하지 않는 자연적인 순수한 동물의 대칭적 반대인 것처럼 —, '잊는 것을 배울 수 없고, 대신에 항상 과거에 매달리는 사실로부터' 고통에 지쳐 있다고 밝힌다.[6] 니체는 이 원한과 복수를 키우는 반추적 기억에 대해서, '망각의 힘', '억제하는 능력', '새로운 현상들을 위한 공간을 만들면서 우리 양심에 *흰 칠판tabula rasa*을 생성하는' '모든 능력 중의 긍정적인 능력' 외 다른 것을 요구하는 것이 아니다. 그리고 그는 '망각하는 동물'과 함께 다른 능력, 곧 *약속promise*을 연결한다. 니체는 약속을 위협하는 모호성을 드러내기 전의 '적극적인 의지' 또는 '의지의 기억'이라고 서술하는데, 약속은 사람이 자신을 위해서 뿐만 아니라

6) Friedrich Nietzsche, *Unmodern Observations*, ed. William Arrowsmith (New Haven: Yale University Press, 1990), p.88.

미래를 위해서 응답하는 것으로써 최고의 주권이지만, 그것은 씻기지 않는 죄책감(*Schuld*)의 빚(*Schulden*)을 상속하기 때문에 가혹함, 잔인함과 고통을 동반한다는 것이다. 마치 빚진 자가 그 채권자에게 그렇듯이.[7)]

아렌트는 니체를 세심하게 읽는 독자로서 '양심'뿐 아니라 '계약'을 공격하는 니체의 폭력과는 반대로 시간에 대한 관계가 변하는 한에서 가능한 것으로 *인격who*의 갱생 가능성을 조용히 보증한다. 그래서 그녀는 힘에 대한 의지의 고통 속에서 씨름하면서 계약상으로 부채를 진 양심의 어두운 그림을 피하고, 오직 니체가 그것을 '구상하는 힘'라고 불렀을 것만을 간직한다.[8)] 죄책감은 결정적으로 무력함의 형상, 바로 직선적 시간을 산출하는 무력함의 형상으로 재흡수된다. 죄책감

---

7) Cf. Friedrich Nietzsche, *The Birth of Tragedy and the Genealogy of Morals*, trans. Francis Golffing (Garden City, NY; Doubleday Anchor Books, 1956), pp.194-6: 'even in Kant, whose categorical imperative smacks of cruelty' (p.197).

8) Nietsche, *Unmodern Observations*, p.90.

은 금지된 것의 훼손이나 도덕성에서 비롯되는 것 같고, 사실 더 깊게는 시간성의 경험에 좌우되는데, 그 시간성이 생명 과정과 동일한 연장을 가질 때 그러하다. 그들을 분리시키기 위해서는 방해가 필요한데 아렌트에게 그것은 망각이 아니라 *용서forgiveness*일 것이다. 행해진 것을 되돌리기는 불가능하고 혼자서 잊기란 가능할 것 같지 않다. 아마도 그녀는 망각은 그것이 어떤 형태와 다른 사람들과의 소통이 없다면 단지 억제를 대변할 뿐이라고 생각하는 것 같다. 하지만 사람들에게 그들 *사이에서between themselves*, 그리고 그들 행위의 무상함의 한가운데서 자신들을 과거 행위로부터 해방하는 일은 허용할 만하다. 그들이 그 행위의 결과를 앞서 볼 수 없었거나, 또는 지금은 그것을 인정하지 않는 행위 말이다.

용서의 거대한 문제점과 명료하게 씨름하면서 아렌트는 용서할 수 없는 것의 존재를 부정하지 않는다. '근본적으로 악한' 행위들이 있고(그녀는 1961년 아이히만 재판보다 훨씬 전

칸트를 인용하면서 1958년에 썼다)[9], 그리고 행위들은,

> … 그 본질에 대해서는 거의 알려지지 않은데, 심지어는 공적 장면에서 그것들의 드문 폭발 중 하나에 노출된 우리에게조차 그러하다. 우리가 아는 모든 것은 우리가 그러한 공격을 벌할 수도 용서할 수도 없다는 것이고 따라서 그들은 인간사의 영역과 인간 힘의 가능성을 넘어서는 것이며, 그 둘 모두를 그들이 나타나기만 하면 근본적으로 파괴시켜 버린다는 것이다.[10]

그런데도 '범죄와 의도된 악은 드문 것인데, 어쩌면 선한 행위보다 더 드물다'고 아렌트는 쓴다. 그것들은 단지 우리가 날마다 보고 판단하는 '위반들'이고, 그 관계망 속에서 지속해서 새로운 관계들을 구성하는 '행위의 바로 그 본질'의 결과들이다. 결론적으로 '사람들이 모르고 한 일들로부터 지속해서 그

---

9) Arendt, *The Human Condition*, p.241.

10) Ibid.

들을 놓아줌으로써 삶의 지속성을 위해 용서하고, 종결하는 것이 필요하다.'[11)]

용서의 개념에 관한 이 소송 정지 통고에 아렌트는 다른 하나를 첨가한다. 용서는 사람을 향한 것이지 행위에 대한 것이 아니라는 것이다. 사람은 살인이나 절도를 용서할 수 없고, 오직 살인자나 절도자를 용서할 뿐이다. *무엇something*이 아닌 *누군가someone*를 목적하면서 용서는 그것을 하나의 사랑의 행위로서 드러낸다. 그러나 사랑과 함께 또는 없이, 용서는 우리가 용서하는 사람을 생각하는 가운데 있다. 정의가 모든 것이 동등하기를 요청하고 저지른 행위를 재는 동안 용서는 불평등을 강조하고 사람들을 살핀다. 이 면에서 다르지만 용서와 판단은 그런데도 '한 동전의 양면'이다. '모든 판단은 용서의 가능성에 열려 있다.'[12)]

바로 이 맥락에서 우리는 아렌트가 아이히만 재판에 관한 그

---

11) Ibid., p.240.

12) Arendt, 'Bertolt Brecht: 1898-1956,' in *Men in Dark Times*, p.248.

녀의 책에서 서술하는 판단을 자리매김해야 한다. 그녀는 결코 이 범죄인을 용서할 수 없는데, 정확히 왜냐하면 '사람을 염두에 두었지만' 그녀는 한 비非-인간non-person, *인격* *who*이나 '누군가'someone의 부재, 자신의 행위를 판단할 능력이 없고, 그래서 자신을 용서의 영역에서 제외한 한 자동인형 공무원을 발견했기 때문이다. 이 주장은 그녀에게 '용서할 수 없는 범죄', '깊게 뿌리내린 악', 아이히만이 자신을 거기에 내어준 시스템에 의해서 저질러진 악, 그리하여 그것으로써 인간 힘을 위한 모든 가능성을 파괴시키면서 우리에게서 모든 힘을 가져가 버리는 악을 말하는 것보다 덜 과격해 보이지 않는다. 거기서 우리는 정말 오로지 예수의 다음의 말을 되뇔 수밖에 없다. "그에게는 연자맷돌을 목에 달리고 바다에 빠뜨리는 것이 낫다."[13] 이 그리스도적 판단을 지정하는 것과는 멀게, 아렌트는 그럼에도 불구하고 국제사법권(재판)이 구성됨으로써 '유대인들에게 행해진 일을 통한 인류에 대한 범죄'를 벌하기를 바란

---

13) Arendt, *The Human Condition*, p.241.

다. 아렌트의 생각에 처벌은 용서의 중지 논리에 모순되지 않는다. 처벌은 용서와 마찬가지로 그것 없이는 끊임없이 계속 일어날지 모르는 어떤 것에 종결을 짓는 일이다.[14)]

반면 어떤 사람이 사유나 판단이 가능하다면, 항상 다시 시작하거나 참으로 새로 태어난 것을 나타내는 질문 활동 형식이나 한계가 무엇이든 아렌트는 그에게 용서에서 물밀 듯이 밀려오는 판단과 더불어 접근한다. 그래서 그것은 브레히트의 경우 다음과 같은 것이 된다: 그는 먼저 자기 스스로를 벌주지 않았는가? 재능 있는 자에게 가능한 모든 처벌 중에서 가장 나쁜 처벌은 아주 간단하게 그 재능의 죽음이라는 것 말이다. 아렌트는 열정과 단호함을 가지고 브레히트 작품의 우울한 미를 드러내지만, 동시에 그녀가 시인들에게 고유하다고 생각한 '무책임성'을 심각하게 심판하는데, 스탈린의 영광에 대해 (브레히트가) '비참한 B.B.'라고 쓴 말들과 같은 것에서 증거되었다. 이러한 특수한 '예'로부터 그녀는 일반적인 관찰에 이른

---

14) Ibid.

다. 비록 브레히트가 자기 연민의 냄새를 한 번도 드러내지 않았지만 그런데도 그는 우리에게, 모든 것을 생각해 보았을 때 '이러한 세기 또는 어떤 다른 시기라도 한 시인으로 존재한다는 것이 얼마나 어려운 것인가를 가르친다.'[15]는 것이다.

아렌트의 판단에 따르면 하이데거는 누구보다도 용서받을 만한 것이 분명해 보인다. 이것은 단지 그 사랑love의 이유 때문만이 아닌데, 그 사랑은 '인간 삶에서 매우 드물게 일어나는 일 중 하나'로서 '자기현시의 독보적인 힘과 *인격*who의 노출을 위한 생각에서 견줄 대상이 없는 명백함을 가진' 것이다.[16] 또한 사랑스러운 계시의 도움으로 다른 모든 것 중에서도 특별히 하이데거 사유에 의해서 그녀에게 일깨워진 *성찰*consideration의 이유 때문이기도 한데, 말하자면 그녀는 그것을 '세상의 공간이 우리 사이에 놓아둔 거리로부터 그 사람에

15) Arendt, 'Bertolt Brecht: 1898-1956,' in *Men in Dark Times*, p.249.
16) Arendt, *The Human Condition*, p.242.

대한 시선'[17]을 절대 포기하지 않으면서 논의하고 해체한다.

아렌트는 예수 덕분에 용서를 발견했다고 생각한다. 용서는 고대 그리스인들에게는 알려지지 않았던 것이고, 희생자에게 인정을 베푸는 로마적 원리가 오직 먼 과거에 선행되었을 뿐이다. 아렌트에 따르면 용서는 종교적인 용어로 표현되면서 그 그리스도적 가르침은 '이스라엘의 정치적 권위에 도전하는 경향이 있는 작고 긴밀하게 짜인 제자들의 공동체'에 근거한다. 예수의 이 전복이 뛰어나게 정치적인 것을 생각하면서 아렌트는 열정적으로 이 최선의 정치에 대한 그녀 자신의 더 포괄적인 개념을 지지함으로써 좁은 종교적 영역을 넘어선다. 예수가 서기관들과 바리새인에게 제시하는 접속어들이 아렌트에게는 핵심적으로 보인다. 신만이 용서하는 유일한 자가 아닐 뿐 아니라 *먼저first* 인간이 서로 용서할 수 있으므로 마침내 신은 확실하게 그들을 용서하실 것이다. 그러므로 그녀는 다른 무엇보다 마태복음을 인용한다: '만약 네가 그들의

---

17) Ibid., p.243.

잘못을 용서한다면, 너희 하늘 아버지도 역시 너를 용서하실 것이다.'[18] 용서는 무의식에도 적용될 수 있는데 ('그들은 자기들이 하는 것을 모릅니다') 일관되어야 하고 무한하기도 해야 한다. '그리고 만일 그가 너에 대해서 하루에 일곱 번 죄를 짓고, 그리고 하루에 일곱 번 다시 너에게 회개한다고 하면 너는 그를 용서해야 한다.'[19]

아렌트가 행한 이 종교적 실천의 전유專有는 우리가 그 윤리를 해석의 다른 현대적 행위로 확장하도록 초대한다. 정신분석학적 경청과 전이와 반전 안에서 분석가의 말들은 우리에게 하나의 용서 행위로 나타난다. 질환의 광기와 비통, 또는 증상을 넘어서 의미 부여하기, 이야기의 낭독과 정지의 효과 주기를 말한다. 트라우마의 연결을 끊고 해석을 해체하는 것은 주체의 재탄생을 허락하여 이후로 그 주체는 자신의 마음 지도와 다른 사람들과의 연결을 다시 그릴 수 있게 된다. 정신분석

---

18) Matt. 6:14.

19) Luke 17:4.

학적 해석은 인간 시간의 비가역성과는 거리가 멀며 계속 반복될 뿐 아니라 무한히 주는 것(for-giving)이다. 그리고 그것은 분석에 들어가는 주체가 드러내는 분석과 진실을 향한 염원에 근거해 있다.[20)]

다른 한편 하나의 대위로서 *약속promise*은 미래의 불확실성인 인간 행위의 비예측성과 마주하여서 인간을 안정시켜 주고, 우리가 자기 지배와 다른 사람들에 의한 통치에 근거하는 우리의 안전을 희생시키고 대신 택하는 안전을 향한 우리의 필요를 감소시킴으로써 도움을 준다. 약속은 안전을 찾는 자아와 시간의 지배를 약화시킨다. 약속은 또한 고대의 유산이다. 그것은 로마인들의 합의와 조약들(*pacta sunt servanda*)의 신성한 특성 속에 존재했다. 하지만 그것은 진정으로 아브라함에게까지 가닿는데, '성서가 말해주는 대로 그 전체 이야

---

20) Julia Kristeva, 'Dostoievsky, the Writing of Suffering, and Forgiveness,' in *Black Sun, Depression and Melancholia*, trans. Leon S. Roudiez (New York: Columbia University Press, 1989), pp.241ff.

기는 계약을 세우려는 그와 같은 열정적 추진력을 보여 주는 바', 우리는 그가 이 거친 세계에서 상호 약속의 힘을 시험하려는 오직 한 가지 의도를 가지고 자기 고향을 떠났다는 것을 믿을 수 있다![21] 아렌트는 환상적 약속들로 이루어진 전체주의 프로파간다propaganda의 사이비-예언자적 조작을 규탄했다. 그래서 그녀는 내일을 약속하는 것에 대해서 신중했는데, 그녀는 그것을 '예측 가능성의 어떤 섬' 이상도 아니고, 깨지기 쉬운 인간사를 인정하는 것으로 본다. 이것들은 무엇보다도 아주 한정된 약속인바, 특히 조약이나 계약과 같이 그 안에 '안전성의 확실한 이정표를 땅에 세울 수 있는' 상호적이고 계약적인 수행이다. 여기서 입법은 우리를 도우러 올 수 있는데, 갈데아 우르의 남자(성서의 아브라함)와 몽테스키외 덕분이다!

한 그룹의 주권을 형성하는 '동일 의지'에 반대해서 아렌트는 상호 약속에 의해 연결된 사람들의 '협정된 계획이나 기획'을 제안한다. 그들은 마치 미래가 현재인 것처럼 이 미래를 처

---

21) Arendt, *The Human Condition*, p.243.

리하는 약속 때문에, 그리고 니체가 '의지의 기억'과 '인간을 동물의 삶으로부터 구별 짓는 바로 그 차이'라고 불렀던 이 기적 같은 확장 속에서 함께 산다.[22] 이 승리에 관해서 아렌트는 오직 초인의 환호성만 듣는다. 그녀는 니체의 조롱은 공유하지 않는다.

용서와 약속과 함께 아렌트는 그녀가 본질적이고 비할 데 없는 공적 삶의 두 가지 '조정 장치'를 활성화했다고 확신한다. 그것들이 이 삶에서 가장 특별한 것의 핵심에 놓여 있는 한에서 그러한데, 그것은 또한 새롭고, 예측할 수 없으며, 뒤집을 수 없는 과정들을 계속해서 시작하는 능력이라는 점에서 가장 위험하기도 하다. 일상적 삶의 이러한 냉혹한 장치들에 직면하여 용서와 약속은 사실 '하나의 판단'인데, 그것은 결정적으로 새로운 시작의 가능성에 대한 일종의 보증이다. 이것은 정치에서 일종의 판단의 형식을 가지는바, 사람들을 그들의 도덕적 상황에 귀속시키는 목적을 위한 것이 아니라 오히려 그

22) Ibid., p.245.

들 속에서 '다시 태어날 수 있는' 존재로서의 그들의 능력을 드러내 주기 위해서다. 이 계시는 기독교에서 '기쁜 소식(복음)'이라고 불린 뛰어난 기적이고, 거기서 한 이야기로 제시되었다. 그 이야기는 참으로 '반성적인 예시'이지 '예증하는' 것이 아니고 보편화라기보다는 오히려 귀납이라는 의미에서다. 그리고 그 이야기는 하나의 고귀함으로서 *인격들*whos을 연속적으로 불러낸다. '한 아이가 우리에게 태어났도다.'A child has been born unto us[23)]

기쁜 소식? 정말 그러한가? 하지만 그것들은 결과로서 사랑, 당연히 비정치적이고 세상에 낯선 사랑을 세상 안으로 들여오는 것이다. 사랑은 정확히 아이를 통해서 세상에 오는바, 그 아이는 사랑하는 사람/부모를 그들의 사랑으로 인해서 거기서 내쫓긴 공동체에 다시 합류하도록 한다. 그래서 탄생은 진정 기쁜 소식인가? 그것이 바로 아렌트가 놀라는 것을 멈추지 않으면서 묻는 것이다. 그것은 그렇게 어렵지 않다. 왜냐

---

23) Ibid., p.247.

하면 이 세상에 속한다는 것은 한편으로 '사랑의 종말'과 같은 것이기 때문이다.[24] 아렌트가 마주하고 탐색하는 또 하나의 역설은 피하는 것을 원치 않는다. 어떤 생각을 해야 할까?

아렌트는 '인간사'의 어려움들을 해치우지 않았다. 진정 이 어려움들이 없다면 이해해야 할 무엇이 더 있는가? 이것이 아렌트에게 정신의 삶이 있는 이유인 것이다. 항상 사유하고 이해하는 동안 사는 것이다. 그녀의 유일한 열정으로 남는 것은 '내가 원하는 것 그것은 이해하는 것이다.'What I want is to understand[25]

용서와 약속이 불러일으키는 어려움 중에 과연 그것이 가능한가라는 물음은 작은 것이 아니다. 그로부터 기독교적 용서와 약속이 발생한 급진적 외재는 '정치 세계'에 들어가기 위해서 믿음의 초월이라고 불렸다. 용서를 위한 사랑과 약속을 위

24) bid., p.242.

25) Hannah Arendt, 'Seule demeure la langue maternelle,' in *La Tradition cachēe: le Juif comme paria*, p.238.

한 입법을 일깨우면서, 아렌트는 *인격*who의 존재에 대한 확실성을 확립하기 위해 긴요한 '아르키메데스' 점에 따라서 사고하는 것을 요구하는 일에 결코 몸을 사리지 않는다. 그녀는 지렛대의 지축을 신 또는 초월이 아닌 '인간 다원성'이라고 부르는데, 코스모폴리타니즘을 끌어들이면서 평화에 도달하는 칸트의 강화된 소통 가능성을 전유하면서 그리한다. 그녀는 여기서 둔스 스코투스의 '*묵인*' acquiescence, 니체의 '*아멘*' amen, 하이데거의 '*내맡김*' *Gelassenheit*의 정치적 버전을 발견한 것 같다. 얇고 깨지기 쉬우나 여전히 역할을 하는 확실성: 미감과 함께, 그리고 관찰하고 차근차근 이야기하는 방식으로.

사실상 그녀는 용서도 약속도 혼자만의 행위가 아니라고 주장한다: 아무도 자기를 용서하거나 어떤 것을 온전히 자기 혼자서, 충실히 지켜질 기회를 가지고 약속할 수 없다. 다른 한편으로, 다른 사람이 이 행위를 받는 양식은 용서나 약속, 오로지 자신만을 포함하는 것 등의 일을 결정하는 요소들을 대변한다. 이 두 가지 능력은 '다른 사람의 현존에 달려 있을' 뿐 아니라, 정치에서의 그들의 상호작용은 규칙의 플라톤적인 개념에서 흘러나오는 고전적 도덕 교훈들과는 완전히 정반대인 원리들의 바로 그 기초다. 후자(플라톤적인 것)는 나와 나 자신 사이에 세워진 관계에 근거한다 — 옳고 그름은 내가 취하는 태도에 따라서 결정된다 — 그래서 공적 영역의 모두는 한 '확장된 사람'으로 여겨진다. 반면, 용서와 약속에서 비롯된 도덕 규약은 '아무도 자기 자신과 더불어 취할 수 없고, 반대로 온전히 다른 사람들의 현존에 달려 있는 경험들에 놓여 있다.'[26)]

우리 세기가 그렇게 잔인하게 보여 준 것처럼, 사람들은 미칠mad 수 있어도, 아렌트가 — *무엇보다도* — 그녀의 믿음faith은 아니더라도, 적어도 그녀가 자신의 모든 신뢰confidence를 거기에 두는 인간성humanity, 인간성은 미칠 수 없고, 미쳐서는 안 된다. 그와 같은 것이 아렌트 사유의 초월transcendence — 또한 한계들이다. 그녀가 이해하는 바와 같이, 인간성은 '확장된 정신'과 상식의 소통 가능성에 대한 재질로 구성되어 있으므로

26) Arendt, *The Human Condition*, p.238.

그것은 언어와 동일시될 수 있다. 인간성과 언어는 아렌트 존재의 각색판이다. 언어는 미칠 수 없다. 이것이 아렌트의 생각이다. 쇼아 전(pre-Shoah, 홀로코스트 이전)의 독일에서 그녀에게 남아 있는 것이 무엇이냐고 질문받았을 때, 그녀는 대답하기를: '그 언어language가 남았다.'라고 했다. '최악의 시간에서조차?'라고 우리가 주장하자, '항상 나는 나에게 말하곤 했다. 우리가 무엇을 할 것인가? 무엇보다도 미친 것은 독일어가 아니다!'[27] 나는 요약한다. 무엇보다도, 나 자신에게 '우리가 무엇을 할 것인가?'라고 묻는다면, 나는 언어는, 인간성의 고리로서, 미칠 수 없다는 생각으로 결론짓는다.

그러나 '하는 것'(do)을 계속하기 위해서 언어가 '미칠 수 없다'라고 생각하는 것이 진정 긴요한가? 언어 자체가 미치는 것을 보는 동안 내가 '하는 것'을 계속하는 것을 상상해보자. 공동체의 끈 자체가, '확장된 정신'이, '*공통감*' *sensus communis*이,

27) Arendt, 'Seule demeure la langue maternelle,' in *La Tradition cachée: le Juif comme paria*, p.240.

독일인이나 다른 사람들의 그것이, 인류의 그것조차 미칠 수 있고, 과거에 미쳤었고, 다시 미칠 수 있다는 것을. 그럴 때 무엇을? 우리가 무엇을 할 수 있을 것인가?

우리에게 남은 것은 우리 각자의 언어, 담화를 보살피고, 공동체 결속 자체를 보호하는 의무일 것이다. 우리의 '예스'나 '아멘'을 떠받칠지 모르는, 영원히 고정되고 미치지 않은 정체성 속에서 그것들을 다시 세우기 위한 것이 아니라, 그것들이 일시적인 정도라는 것을 잊지 않으면서 *인격*who의 일시적인 계시들을 가능하게 만들기 위해서다. 그것은 계시에 대한 서약이 허락은 아니더라도, 적어도 언어, 인간성, 모든 정체성, 그리고 존재 자체도 '숨겨져 있고', '뒤로 물러나 있고,' '망각하고,' 또는 '정도를 벗어나 있는' 것 이상이어야 한다는 확신을 전제한다. 그것은 각각의 *인격*who은 존재의 불가능성과 함께하는 것을 전제하는데, 무無, 위기 또는 질병 등이다. 여기로부터 참으로 부서지기 쉬운 이 공동체 안에서 *보살핌*caring이 시작되는데, 이 보살핌은 의지의 엄격함, 힘에의 의지의 마지막 예가 아니라 그런데도 재탄생의 기적을 품는 것이다.

아렌트는 그것으로부터 아주 멀리 있었다. 그런데도 동시에 아주 가까이 있었다. '탄생성의 사실' fact of natality이 '세계를 구하는 기적'일 수 있다는 것을 기억하면서, 그녀는 이것이 그녀를 위해서 '이 능력의 온전한 경험'이라는 것을 분명히 한다.[28)]

탄생의 사실에 대한 완전한 경험 total experience of the fact of birth이라는 것은 다음을 부득이하게 '포함한다': 태어남, 생명을 줌, 각 탄생의 유일성에 대한 묵인, 정신의 삶으로의 끊임없는 재탄생, 다른 사람들과의 다원성 속에서 새롭게 시작하고, 오직 그 상황에서만 다른 모든 활동을 넘어서는 살아 있는 사유로서 행위할 수 있기 때문에 *존재하는* is 정신이다.

그러나 '기적' miracle은 오직 그 '완전한 경험'의 한 조각 형태에서일지라도 그것을 끝까지 지켜 내는 약속과 명확히 표현하는 용서에 의해서 그것을 정당화하는 한 또한 실현된다. 아렌트는 이것을 공유했다. 왜냐하면 그녀야말로 논의의 여지가

---

28) Arendt, *The Human Condition*, p.247.

없이 우리 시대에 *삶이 곧 사유*living is thinking인 *지복*felicity에 도달한 아주 드문 사람들 중 한 사람이기 때문이다. 그녀는 사유의 황홀경은 말로 표현할 수 없다 하더라도 '정신의 삶을 위해서 상상할 수 있는 유일하게 가능한 은유는 살아 있다는 감각이다'라고 쓰지 않았나?[29)]

하나의 탄생에 견줄 수 있으며, 우리의 이방인 됨에 보금자리를 제공해 줄 수 있는 정치적 행위를 위해서 한나 아렌트는, 거의 환상 없이, 우리로 하여금 사유하고, 또한 그것을 현재에 살도록 초대한다. 물론 그러나 항상 하나의 최적의 정치 행위를 위해서 바로 그 기초가 되는 용서와 약속과 함께하면서.

---

29) Arendt, *The Life of the Mind*, Thinking, p.123.

The Alexander lectures

알렉산더 강좌는 W. J. 알렉산더 교수를 기념하여 창설되었는데, 그는 1889년부터 1926년까지 토론토대학교 학부대학 영어과 과장이었다. 이 강좌는 뛰어난 학자나 비평가들을 초빙해서 영문학 관련 주제로 강의가 진행되어왔는데, 그동안 초빙된 강사와 강좌명은 다음과 같다.

1928-9. L. F. Cazamian(Sorbonne) : 'Parallelism in the Recent Development od English and French Literature', Included in *Criticism in the Making* (Macmillan 1929).

1929-30. H. W. Garrod(Oxford) : 'The Study of Poetry', Published as *The Study of Poetry* (Clarendon 1936).

1930-1 Irving Babbit(Harvard) : 'Wordsworth and Modern Poetry', Included in 'The Primitivism Wordsworth' in *On Being Creative* (Houghton 1932).

1931-2. W. A. Craigie(Chicago) : 'The Northern Element in English Literature', Published as *The Northern Element in English Literature* (University of Toronto Press 1933).

1932-3. H. J. C. Grierson(Edinburgh) : 'Sir Walter Scott', Included in *Sir Walter Scott, Bart* (Constable 1938).

1933-4. G. G. Sedgewick(British Columbia) : 'Of Irony, Especially in Drama', Published as *Of Irony, Especially in Drama* (University of Toronto Press 1934).

1934-5. E. F. Stoll(Minnesota) : 'Shakespeare's Young Lovers', Published as *Shakespeare's Young Lovers* (Oxford 1937).

1935-6. Franklin B. Snyder(Northwestern) : 'Robert Bums', Included in *Robert Bums, His Reputation, and His Art* (University of Toronto Press 1936).

1936-7. D. Nichol Smith(Oxford) : 'Some Observation on Eighteenth Century Poetry', Published as *Some Observation on Eighteenth Century Poetry* (University of Toronto Press 1937).

1937-8. Carleton W. Stanley(Dalhousie) : 'Matthew Amold', Published as *Matthew Amold* (University of Toronto Press 1938).

1938-9. Douglas Bush(Harvard) : 'The Renaissance and English Humanism', *The Renaissance and English Humanism* (University of Toronto Press 1939).

1939-41. C. Cestre(Paris) : 'The Visage of France', Lectures postponed because of the war and then cancelled.

1941-2. H. J. Davis (Smith) : 'Swift and stella', Published as *stella, A Gentlewoman of the Eighteenth Century* (Macmillan 1947).

1942-3. H. Granville-Barker(New York City) : 'Coriolanus', Included in *Prefaces to Shakespeare* volume II (Princeton 1947).

1943-4. F. P. Wilson(Smith) : 'Elizabethan and Jacobean', Published as *Elizabethan and Jacobean* (Clarendon 1945).

1944-5. F.O. Matthiessen(Harvard) : 'Henry James: the Final Phase', Published as *Henry James, the Major Phase* (Oxford 1944).

1945-6. Samuel C. Chew(Bryn Mawr) : 'The Virtues Reconciled: A Comparison of Visual and Verbal Imagery', Published as *The Virtues Reconciled, an Iconographical Study* (University of Toronto Press 1947).

1946-7. Marjorie Hope Nicolson(Columbia) : 'Voyages to the Moon', Published as *Voyages to the Moon* (Macmillan 1948).

1947-8. G. B. Harrison(Queen's) : 'Shakespearean Tragedy', Included in *Shakespeare's Tragedies* (Routledge and Kegan Paul 1951).

1948-9. E. M. W. Tillyard(Cambridge) : 'Shakespeare's Problem Plays', Published as *Shakespeare's Problem Plays* (University of Toronto Press 1949).

1949-50. E. K. Brown(Chicago) : 'Rhythm in the Novel', Published as *Rhythm in the Novel* (University of Toronto Press 1950).

1950-1. Malcolm W. Wallace(Toronto) : 'English Character and the English Literary Tradition', Published as E*nglish Character and the English Literary Tradition* (University of Toronto Press 1952).

1951-2. R. S. Crane(Chicago) : 'The Languages of Criticism and the Structure of Poetry', Published as *The Languages of Criticism and the Structure of Poetry* (University of Toronto Press 1953).

1952-3. V. S. Pretchett. Lectures not given.

1953-4. F. M. Salter(Alberta) : 'Mediaeval Drama in Chester', Published as *Mediaeval Drama in Chester* (University of Toronto Press 1955).

1954-5. Alfred Harbage(Harvard) : 'Theatre for Shakespeare', Published as *Theatre for Shakespeare* (University of Toronto Press 1955).

1955-6. Leon Edel(New York) : 'Literary Biography', Published as *Literary Biography* (University of Toronto Press 1957).

1956-7. James Sutherland(London) : 'On English Prose', Published as *On English Prose* (University of Toronto Press 1957).

1957-8. Harry Levin(Harvard) : 'The Question of Hamlet', Published as *The Question of Hamlet* (Oxford 1959).

1958-9. Bertrant H. Bronson(California) : 'In Search of Chaucer', Published as *In Search of Chaucer* (University of Toronto Press 1960).

1959-60. Geoffrey Bullough(London) : 'Mirror of Minds: Changing psychological Assumption as Reflected in English Poetry', Published as *Mirror of Minds: Changing psychological Assumption as Reflected in English Poetry* (University of Toronto Press 1962).

1960-1. Cecil Bald(Chicago) : 'The Poetry of John Donne', Included in *John Donne: A Life* (Oxford 1970).

1961-2. Helen Gardner(Oxford) : 'Paradise Lost', Published as *A Reading of Paradise Lost* (Oxford 1965).

1962-3. Maynard Mack(Yale) : 'The Garden and The City: The Theme of Retirement in Pops', Published as *The Garden and The City* (University of Toronto Press 1969).

1963-4. M. H. Abrams(Cornell) : 'Natural Supernaturalism: Idea and Design in Romantic Poetry', Published as *Natural Supernaturalism* (W. H. Norton 1971).

1964-5. Herschel Baker(Harvard) : 'The Race of Time; Three Lectures on Renaissance Historiography', Published as *The Race of Time* (University of Toronto Press 1967).

1965-6. Northrop Frye(Toronto) : 'Fools of Time:Studies in Shakespearian Tragedy', Published as *Fools of Time* (University of Toronto Press 1967).

1967-8. Frank Kermode(Bristol) : 'Criticism and English Studies.'

1967-8. Francis E. Mineka(Cornell) : 'The Uses of Literature, 1750-1850.'

1968-9. H. D. F. Kitto(Bristol) : 'What is Distinctively Hellenic Greek Literature?'

1968-9. W. J. Bate(Harvard) : 'The Burden of the Past and the English Poet(1660-1840)', Published as *The Burden of the Past and the English Poet* (Belknap 1970).

1970-1. J. A. W. Bennett(Cambridge) : 'Chaucer at Oxford and at Cambridge', Published as *Chaucer at Oxford and at Cambridge* (University of Toronto Press 1974).

1971-2. Roy Daniels(British Columbia) : 'Mannerism: An Inclusive Art From.'

1972-3. Hugh Kenner(California) : 'The Meaning of Rhythm', Publication planned.

1973-4. Ian Watt(Stanford) : 'Four Western Myths', Publication planned.

1974-5. Ricard Ellmann(Oxford) : 'The Consciousness of Joyce', Published as *The Consciousness of Joyce* (Oxford 1977).

1975-6. Henry Nash Smith(Berkeley) : 'Other Dimensions: Hawthorne, Melville, and Twain', Included in *Democracy and the Novel: Popular Resistance to Classic America Writers* (Oxford 1978).

1976-7. Kathleen Cobum(Toronto) : 'Some Perspectives on Coleridge', Published as *Experience into thought: Perspectives in the Coleridge Notebook* (University of Toronto Press 1979).

1977-8. E. P. Thompson(Worcester) : 'William Blake: Tradition and Revolution 1789-1793', Publication planned.

1978-9. Ronald Paulson(Yale) : 'The Representation of Revolution 1789-1820', Published as *The Representation of Revolution* 1789-1820(Yale 1983)

1979-80. David Daiches(Edinburgh) : 'Literature and Gentility in Scotland', Published as *Literature and Gentility in Scotland* (Edinburgh 1982).

1980-1. Walter J. Ong, SJ (St. Louis) : 'Hopkins, the Self, and God', Published as *Hopkins, the Self, and God* (University of Toronto Press 1986).

1982. Robertson Davies(Toronto) : 'The Mirror of Nature',

Published as *The Mirror of Nature* (University of Toronto Press 1983).

1983. Anne Barton(Cambridge) : "Comedy and the Naming of Parts',Published as *Comedy and the Naming of Parts* (University of Toronto Press 1990).

1984. Guy Davenport(Kentucky) : 'Objects on a Table: still Life in Literature and Painting.'

1985. Richard Altick(Ohio) : 'The Victorian Sense of the Present.'

1986. Jerome J. McGann(California) : Various Subjects.

1987. Inga-Stina Ewbank(London) : 'The World and the Theatre: Strindberg, Ibsen and Shakespeare.'

1988. Christopher Ricks(Boston) : 'Allusion and Inheritance 1784-1824.'

1989. John Burrow(Bristol) : "Langland's Piers Plowman: The Uses of Fiction', Published as Langland's Fiction(Oxford 1993).

1990. John Fraser(Dalhousie) : 'Nihilism, Modernism, and Value.'

1991. Mary Jacobus(Cornell) : 'First Things: Reproductive Origins.'

1992. Peter Conrad(Oxford) : 'To Be Continued…'

1993. V. A. Kolve(California) : 'The God-Denying Fool in Medieval Art and Drama.'

1994. Samuel Hynes(Princeton) : 'The Soldiers' Tale: Narrative of War in the Twentieth Century', Published as *The Soldiers' Tale: Bearing Witness to Modern War* (Lane 1997).

1995. Gillian Beer(Cambridge) : 'Scaling the Island.'

1996. Paul Fussell(Pennsylvania) : 'In Search of Modernism.'

1997. Carolyn G. Heilbrun(Columbia) : 'Women's Lives: The View from the Threshold', Published as *Women's Lives: The View from the Threshold* (University of Toronto Press 1999).

1999. Julia Kristeva(Paris) : 'Hannah Arendt: life is a narrative', Published as *Hannah Arendt: life is a narrative* (University of Toronto Press 2001).

색 인

ㄹ

ㅁ

ㅂ

ㅅ

ㅇ

ㅈ

역자 후기

1

이 책은 우리에게 프랑스의 대표적 페미니스트 문학이론가, 정신분석가, 기호학자 등으로 알려진 줄리아 크리스테바Julia Kristeva, 1941~의 한나 아렌트 독해이다. 그녀는 1990년대 캐나다 토론토대학 알렉산더 강좌에서 우리 시대의 사상적 거장 한나 아렌트Hannah Arendt, 1906~1975에 대해서 강의했는데, 원래 불어 강의를 당시 통역자였던 프랭크 콜린스Frank Collins 교수가 영어로 옮겨서 2001년 토론토대학 출판부에서 『Hannah Arendt: life is a narrative』라는 제목의 책으로 나왔다.

필자가 이 책을 만난 것은 2008년 미국 워싱턴 근처의 조지메이슨대학George Mason University에서 연구교수로 있을 때였다. 당시 한국에서는 2006년 아렌트 탄생 100주년을 기해서 한국 아렌트 학회가 막 창립된 후였고, 그것을 기념하는 학술제에서 창립 멤버의 한 사람으로서 중국 명나라 왕양명王陽明, 1472~1529과 아렌트를 비교 연구해서 발표한 나는 그 후 더 확장된 연구를 위해서 아렌트 관련 자료들을 두루 찾고 있었다. 주문한 책이 오자마자 감동으로 읽었고, 여기서 크리스테바가 20세기 유대인 여성 정치 사상가 아렌트의 '삶'과 '사유'를 고유한 몇 가지의 '교차점'과 '연결점'으로 연결하여 하나의 통체적 전개로 풀어낸 것을 잘 볼 수 있었다.

이 가운데서 필자에게 제일 와 닿은 문장은 아렌트가 크게 깨달았다는, "(아렌트는 아리스토텔레스와 함께 확신하기를) 정치적 삶이 없이는 어떤 삶Bios도 없기 때문이며, 또한 (아렌트는 성 어거스틴과 더불어 확신하기를) 이야기의 재탄생 안에서, 그리고 그것을 통하지 않고는 어떤 삶도 없기 때문이다(90쪽)"라고 한 것이었다.

그런데 사실 필자는 그 이전에는 크리스테바 사유와 그다지 친숙하지 않았었다. 한국에서 프랑스의 대표적 페미니스트 사상가로서 많이 회자하는 이름이라서 아는 정도였다. 하지만 2002년에 '문학동네'에서 임미경 씨에 의해서 번역되어 나온 카트린 클레망Catherine Clément과 공동으로 저술한 『여성과 성스러움』Le féminin et le sacré을 읽고서, 21세기로의 세기적 전환 앞에서 서구 유대 기독교 전통의 두 여성 사상가가 다시 우리 삶과 존재에서 '성스러움'聖과 초월, 궁극의 차원을 확보하려는 기도企圖와 추구를 보고서 많이 공감했었다. 나중에 그 두 사람이 모두 한 마디로 '아모르 문디'amor mundi라고 그 삶과 사상을 집약할 수 있는 한나 아렌트 연구가들인 것을 알았다.

크리스테바는 이 강연 전에 '여성적 천재성'Female Genius을 연구하면서 그 첫 인물로 아렌트를 택했고, 클레망은 아렌트와 하이데거 사이의 사랑을 다룬 소설을 썼다.

2

크리스테바 강의는 총 5편으로 이어진다. 이 5편을 통해서 강연자 크리스테바는 아렌트 삶과 사유가 어떻게 인간 '삶'과 그것이 펼쳐지는 '세계'에 대한 사랑으로 일관되었는지를 보여준다. 그 인간적인 삶이 인류 20세기 전체주의의 경험에도 불구하고 다시 '말'과 '행위'를 하고, 그것을 통해서 '기억'될 만한 위대한 일을 행하면서, 그러한 행위와 사유, 판단이 '이야기'로 풀어지는 것의 의미를 밝혀준다. 아렌트는 성 어거스틴에 대한 박사학위 논문을 쓰고 나서, 18세기 유럽 계몽주의 시대의 동화 유대인 여성 라헬 파른하겐의 삶 이야기를 접하면서 개인적인 게토에서 벗어나서 삶이 정치적인 의미를 획득하는 것의 중요성을 깨달았다. 또한, 인간 삶이 기억되는 것의 중요성과 그것이 '관객'들에 의해서 이야기로 전해져서 참된 영속성을 획득하는 것을 보았다.

크리스테바는 아렌트가 이러한 통찰들을 서구 정신사에서 플라톤이나 어거스틴, 헤겔, 마르크스, 하이데거 등을 넘어서 그와는 다른 방향의 아리스토텔레스와 둔스 스코투스, 칸트, 니체 등을 깊이 있게 읽으면서 분명히 깨달아간 것을 밝힌다. 그리고 아렌트가 문학평론가나 소설가는 아니지만 20세기 인간 삶의 내적 진실들을 고유한 산문적 언어로 드러낸 카프카나 이자크 디네센, 나탈리 샤로트 등과 만나면서 더 진하게 만난 것임을 보여준다.

그러나 마침내는 아렌트 스스로가 여러 가지로 밝힌 대로, 그녀의 삶과 사유는 시詩와 소설, 철학과 정치, 또는 플라톤이나 하이데거와 아리스토텔레스 사이의 간극과 구별에서 결코 어느 한 쪽을 결정론적이고 배타적으로 취하지 않는다는 것을 보여준다. 그보다는 둘에게서 모두 영향을 받고서 그렇게 상반되는 것 같은 두 관점과 층들을 점점 더 깊이 있게 통섭해서 결국 인간의

'삶'이 '정신'의 삶the life of the Mind이며, 그런 의미에서 '삶이 곧 사유'living is thinking라는 말이 가능해지도록 했다고 크리스테바는 밝힌다.

아렌트는 인간 삶이 모든 그러함에도 불구하고 '사멸성'mortality에로 운명지어진 것이 아니라 여기 지금에서 다시 시작할 수 있는 '탄생성'natality의 가능성에로 열려있는 것을 웅변한다. 하지만 더 나아가서는 여기서의 탄생성도 다시 또 다른 누군가에 의해서 가능해져야 하고, 그 누군가의 '행위'vita activa 이전에 '사유'vita contemplativa인 사랑이 있었기 때문에 그 탄생이 가능해진 것이고 보면, 이 조건은 아렌트로 하여금 더욱더 세계의 '다원성'plurality이라는 진실을 피할 수 없게 하고, 그래서 '사유'thinking와 '판단'judgement의 일을 다시 검토하는 일로 돌아갔고, 저자 크리스테바는 자신 강의의 마무리를 그 인간 사유의 일인 판단에 대한 이야기로 채운다. 그러면서 이전에 『인간의 조건』에서 깊이 있게 다루어진 '용서'와 '약속'에 대한 성찰을 접목시킨다.

3

하지만 아렌트가 인간 정신의 삶에 대한 성찰에서 칸트 제3 비판서 『판단력 비판』의 '미감'taste을 가져와서 그것을 우리 공동체 삶의 새로운 판단 원리로 삼고자 한 것은 이전 서구 지성사에서의 합리주의나 이성 중심주의에서의 사유와는 다른 것이다. 아렌트는 칸트가 우리 '몸'의 오각과 관련이 있고, 그중에서도 가장 즉각적이고, 개인적이며, 압도적인 미감이 바로 우리의 뛰어난 선험적 '공통감'共通感, common sense으로서 공동체 삶의 보편적 판단 근거가 될 수 있다고 밝힌 것을 적극적으로 수용했다. 이것은 아렌트가 인간 사유적 삶을 보다 몸적이고, 보편적이고 평등하게, 이 세상 일상의 삶과 긴밀히 연결해서 가능해지는 것으로 보려는 의미라고 할 수 있다. 그녀가 사람들의 이야기에 열광하고, 시詩보다는 소설, 그리고 특히 행위 하는 것을 연기play하고 연습

하며 다른 사람과의 관계 속에 있는 인간을 그 예술의 유일한 주제로 삼는 '연극'을 특히 중시하는 것이 이 맥락에서 잘 이해된다.

필자는 여기서 크리스테바가 3장에서 아렌트가 "어린 시절부터 나는 신이 존재한다는 것을 의심한 적이 없다"라고 했다거나, 그녀가 원래 "신학자"가 되려는 생각으로 공부를 시작했다, 라고 지적한 것의 의미를 생각해보고자 한다. 그러면서 이러한 지적들은 아렌트가 서구 전통의 형이상학을 전복시키면서 '삶'이라는 주제에 몰두하고, 인간 고유성의 표현으로서 말과 행위를 강조하며, 그러나 다시 '정신'의 삶을 돌아보며 즉각적이고 현재적인 감정과 감각 활동으로서의 미감적 판단력을 인간 공동체 삶의 토대가 될 수 있다고 본 것이, 그녀가 결코 단순한 의미의 무신론자라거나 삶의 궁극적 차원에 관심 없는 벌거숭이 이세상주의자가 아니라는 것을 지시해주는 말들이라고 본다. 그래서 그녀야말로 우리 세대가 진정 삶의 '영원성'eternity에 관심 없고, 기껏해야 자기

생산물의 '불멸성'immortality을 구하는 저급한 순응주의자가 되는 것을 염려한 것이다.

즉 그녀가 진정 신뢰하는 '궁극(transcendence)'은 과거 서구 기독교 전통에서처럼 어떤 유신론적 神이라거나 영육 이원론적 관념의 형이상학에서 발견되는 것이 아니라, 바로 이 세상의 '다원성'plurality 속에서 계시되는 영원성이라는 것이다. 크리스테바는 그것을 자신의 언어로 "존재론적인 것의 평가절하가 아니라 바로 — 그리고 유일한 — 육화肉化의 기독교적 유산에 대한 현대적 성취"modern accomplishment of the Christian heritage of incarnation(94쪽)라고 표현했다. 아렌트는 기독교의 가장 핵심적인 선포인 '우리에게 한 아기가 태어났도다'a child has been born unto us라는 말을 자주 가져왔는데, 그것은 그러한 전통적인 서구 기독론적 선포를 말과 행위, 판단으로 살아가는 인간 각자의 보편적인 고유성을 드러내는 '탄생성'natality을 지시하는 말로 쓰면서 인간 삶의 궁극적인 희망과 믿음의 토대를 밝힌 것이다.

4

크리스테바는 제4장에서 아렌트가 인간의 '본성'essence인가 아니면 '자연'nature인가의 물음을 물으면서 그보다 훨씬 더 실존적이고, 행위적이며, 이 세상의 인간사와 특히 다른 사람과의 '함께함'Mit-sein에서 드러난다고 본 인간 '인격'who에 대해서 논한다. 아렌트의 이러한 인간 인격에 대한 관점은 필자에게 특히 19~20세기 러시아 사상가 N. 베르댜예프(1874~1948)의 '인격주의'를 생각나게 한다(니콜라스 A. 베르댜예프, 『노예냐 자유냐』, 늘봄, 2015). 아렌트도 베르댜예프처럼 20세기에 와서 인간이 단순히 자연으로 환원되고, 자연의 한 종種이나 사회적 외양으로 축소되는 것을 세차게 비판했다. 그녀에게 인간 인격은 이 세상 다원성의 조건 속에서 말과 행위, 특히 그의 '소명'召命, daimon 속에서 표현되고 현시되는 영원성이다. 그것은 거룩聖의 기적이며, 결코 인간의 어떤 생물학적 속성이나 사회적 결과물로 고정할 수 없는 매 순간, 매 경우의 빈탕空에서 드러났다 다시 사라지는 '생명의 역동성'生理이고, 하늘적 영靈, spirit이라고 필자는 동아시아적 언어로 이해한다.

그리하여 바로 이러한 아렌트 사유를 통해서 그녀가 '악의 평범성'the banality of the evil을 말했지만 실은 누구보다도 영적이고 믿음의 희망 속에서 '성聖의 평범성'을 말하고자 한 영적 사유가라고 보았고, 그런 맥락에서 그녀의 사상이 궁극과 초월을 지극히 세간世間적으로 여기 지금의 우리 자연性, 마음心과 감정情, 그러나 동시에 정치와 우리 공동체 삶에서 실현되는 것을 보는 동아시아 '성리학'性理學과 매우 상통할 수 있다고 보았다. 필자의 아렌트 독해는 그래서 하나의 '유교와 기독교의 대화'가 되었고, 그런 맥락에서 오늘 한국에서 일어나는 여러 현실적, 정치적 사건과 그녀 사유를 연결하여 성찰했다(『생물권 정치학 시대에서의 정치와 교육 : 한나 아렌트와 유교와의 대화 속에서, 2014』, 『다른 유교 다른 기독교, 2016』, 『세월호와 한국여성신학 : 한나 아렌트와의 대화 속에서, 2018』 등).

5

크리스테바는 그러나 아렌트가 이 '인격'의 정신적 차원에 경도되어서 진정 우리 '몸'에 대해서는 관심이 적으며, 더군다나 몸의 내밀한 경험과 연관된 '무의식'의 차원은 거의 무시한다고 애석해한다. 크리스테바에 따르면, 아렌트는 인간 몸을 개인의 개별성과 고유성이 드러나지 않는 일반성에 귀속시킨다. 그리고 현대 심리학자나 정신분석가들이 집중하는 인간 심리와 무의식에 대해서 그것은 단지 인간 기분의 반복적인 오르내림이나 과거의 추함과 비정상에 관한 관심일 뿐이라고 하면서 그것의 인간 행위력에 대한 부정의 영향력을 평가절하한다.

그러나 그런 아렌트와 달리 크리스테바에 의하면, 현대 정신분석가의 말은 오히려 인간 행위의 더 오래되고 드러나지 않는 출발점을 찾아보려는 것이고, 그 활동을 통해 내담자가 사로잡혀 고통받고 있는 과거 트라우마의 연결을 끊고, 종전의 해석을 해체하거나 새롭게 보도록 하면서 주체의 재탄생을 돕는다. 주체가 자기 마음의 지도와 다른 사람과의 연결을 새롭게 그릴 수 있도록 한다는 점에서 그것은 일종의 '용서' 행위가 되고, 아렌트가 잘 모르는 '보살핌(caring)'의 행위가 된다는 것이다.

하지만 필자가 보기에 아렌트가 '용서'와 '약속'이 결코 혼자서는 가능하지 않은 판단이라는 것을 잘 이해한다고 해도, 그녀는 자칫 현대 정신분석가들의 그러한 조정이 주체에게 또 다른 억압이 될 수 있다고 보았고, 그들이 인간 의식의 자발성과 새로 시작할 수 있는 탄생성의 능력을 충분히 고려하지 않는다고 보는 것 같다. 아렌트는 인간 판단으로서의 용서와 약속의 가능성을 그렇게 먼 과거적 무의식이나 감정과 기분의 덧없음에 놓기보다는 좀 더 확실하고 자발적인 여기 지금에서의 언어적 의식과 사유력에 두고자 한 것 같다. 인간이 함께 정치 세계로 들어가기 위해 긴요한 인격의 보장을 위한 출발점을 그녀는 새롭게 시작할 수 있는 인간 행위와 사유의 힘에 둔 것이다.

6

아렌트는 그녀의 『전체주의의 기원』에서 유대인들이 20세기 나치 전체주의 때문에 그토록 참혹한 살상과 비참을 겪게 된 이유를 크게 "자신의 과거에 대한 무지와 오해", 그리고 "정치적 능력의 부족"의 두 가지로 들었다. 18세기 유럽 계몽주의 시대 이후로 부자 유대인들이 자신들만의 게토에서 교육이나 예술, 문화 등의 개인적인 성공과 성취에만 관심하면서 같은 동족을 차별하고, 함께 하나의 정치적 세력으로 성장하지 못한 것, 자신의 과거를 부끄럽게 여기고, 함께 이루었던 시간과 역사를 기억하지 않고 인간다운 존엄을 모두 외부의 손에 맡기는 비주체와 졸부의 의

혹과 의심, 아렌트는 이런 것들을 분석하면서 인간 다원성의 신비 속에서 기억하고 말로 언술하며, 이야기로 풀어내면서 행위하는 정치의 위대성을 밝혔다.

크리스테바의 강연록을 읽으면서 바로 이 두 가지 일이 없다면 그것은 인간다운 삶이 아니라는 것을 다시 더 잘 깨달을 수 있다.

아렌트는 학위 논문을 쓰고, 유럽 동화의 시대에 여전히 개인적인 페리아의 게토에 머물러 있던 라헬 파른하겐의 생애를 살피는 글을 쓴 후 본인 스스로가 오래된 무정치의 소외에서 나왔다. 그리고 한 사람의 유대인으로서, 다른 동료들과 더불어, 유럽 유대계 청년들을 팔레스타인 땅으로 이주시키는 일을 도왔고, 스스로 가까스로 미국으로 넘어와서 『전체주의의 기원』이라는 저술 행위에 힘을 쏟았다. 그것은 인간 세상에 어떻게 다시는 그와 같은 전체주의의 악이 재발하지 않을 수 있을까를 전해주고자 한 것이고, 자신과 자신의 동족, 세계의 유럽인들이 겪었던 끔찍한 일을 기억하고, 사유하고, 이해하고자 하면서 그 실제의 내적 연결

고리를 밝혀주고자 한 것이다. 그녀의 삶과 사유 자체가 인간의 생이 아무리 비참하고 고통에 찬 것이라고 해도 그것을 기억하고 구술하면서 이야기로 만들어 내는 일이 얼마나 중요한지를 보여준다. 그 고통에 찬 과정을 크리스테바는 철학적이고, 신학적으로, 그리고 문학적으로 더욱 정교하게 의미화시켜주었다.

7

그러나 모두 다섯 번에 걸쳐서, 이미 아렌트 사상에 대해서 선先이해가 있다고 가정한 사람들에게 한 강연이므로 그렇지 않을 경우 이해가 쉽지 않은 것이 사실이다. 또한, 번역자 자신도 특히 제3장의 '20세기를 이야기하기' 부분에 나오는 많은 서구문학가 이해가 얕아서 어려움이 컸다. 또한, 하이데거 철학에 대한 깊은 이해도 요구되었고, 또 여기서 쓰이는 언어가 그리스어나 라틴어, 독일어, 프랑스어 등 몇 번의 전환을 통해서 영어로 표현된 것들이므로 다시 우리말로 옮기는 일이 간단치 않았다.

그렇다 해도 이 번역에서 나오는 모든 오역 내지는 불분명은 오직 번역자의 역량 부족에서 기인한 것임을 밝힌다. 그런 가운데서도 오랫동안 출판사의 편집인으로 일한 박혜민 선생의 정리가 큰 도움이 되었다. 단지 언어상의 문제만이 아니라 철학 용어 선택과 한글 번역에서도 긴요한 도움을 받았다. 또한, 이 책이 늘봄출판사에서 나오게 된 것은 얼마 전에 크리스테바와 폴 리쾨르에 대한 묵직한 저서 『아브젝시옹과 성스러움』을 출간한 김선하 박사의 호의가 있었기 때문이다. 그녀의 책을 통해서 크리스테바에 대해서 더 배울 수 있었고, 이 책의 번역에도 도움이 되었다.

이 책을 번역하고 역자 후기를 쓰는 동안 특히 연극인들과 젊은 페미니스트 그룹에게 도움이 되었으면 좋겠다고 생각했다. 먼저 오늘 영화나 가상 현실의 SF 드라마, 메타버스와 NFT 등의 디지털 문화가 크게 우세한 가운데 지금 여기의 현재에서 몸과 현장

성이 담보되지 않으면 가능하지 않은 연극인들의 활동이 얼마나 오늘 우리의 현실에서 귀한 것인가를 알려주는 의미에서이다. 아렌트는 아리스토텔레스와 함께 다른 사람과의 관계성 속에 있는 인간을 주제로 삼는 연극이 인간 최상의 예술 활동이고, 가장 정치적인 예술이라고 강조했다. 오늘 번창하는 영화와 비교해서 항상 자신들의 몸으로, 그리고 이미 가능해진 반복이 아닌 바로 여기서의 직접적인 체현으로 연기하지 않으면 안 되는 그들의 인내와 수고가 참으로 소중한 인간적인 작업임을 이 책은 알려준다.

다른 한편 오늘 한국 사회에서 아직도 차별금지법이 통과되지 못하고 있고, 여전히 몸의 외적 정체성 문제로 고통받고 있는 이들이 많은 현실에서 이 책이 도움이 되기를 바란다. 특히 젊은 페미니스트 그룹이 아렌트가 지적해준 말과 행위의 위대성, 그것을 통한 인간 인격의 현시라는 가능성 앞에서 더는 그런 차별과 구별에 크게 마음을 쓰지 말고, 사로잡혀 있기보다는 그 한계를 사유로써 넘기를 바란다. 지금 여기서의 성적 외양과 그에 대한 판단이 한편으로 내 몸과 우리 공동체 삶의 현재적 조건이라는 것을 일면 인정한다 하더라도, 그러나 그보다 훨씬 더 큰 자유와 해방의 가능성으로서 인간 탄생성과 말과 행위의 가능성이 있다는 것을 잊지 말고 삶의 용기를 잃지 않았으면 좋겠다.

8

오늘 우리 현실은 코로나 팬데믹도 통과하면서 큰 전환을 맞이하고 있다. 특히 디지털 문명의 대전환 앞에 서 있다. 그러나 지금 아무리 가상의 세계, 영화의 세계가 우리의 뉴노멀로서 급속히 확산하고 있다고 해도, 그 가상의 현실도 지금 여기의 몸의 현실과 '사실'fact 세계의 토대가 없다면 어떠할까를 생각해본다. 이것은 우리 시대의 또 하나의 전체주의, 이번에는 디지털과 메타버스식 전체주의가 위협해 오는 현실에서 던지는 질문이다.

오늘날 몸의 체현과 사실 세계에서의 경험은 점점 더 쓸모없고 제거해야 할 고통으로 여겨지고 있지만, 그 고통이 없이는, 그 몸과 사실의 '뿌리'와 '집'이 없다면 우리가 이루고자 하는 메타버스의 현실도 가능하지 않고, 자칫 예전 아렌트가 밝혀준 20세기 전체주의 망상이 그러했듯이 우리 삶과 생명을 온통 뿌리 뽑고 정지시키는 것이 되지 않을까 염려한다. 가장 근본적인 질문으로서 오늘 더는 부인할 수 없는 가상 세계의 도래 앞에서 그 창조를 위한 상상과 환상이 아렌트가 염려한 대로 절대적 사멸성으로의 망상이 아니라, 다시 생명과 삶을 낳고, 살리고, 확장하는 탄생성의 상상과 환상(天地生物之心)이 되도록 하는 일이 남아있다는 말이다. 어떻게 우리 몸의 건강한 체험과 사실의 체인을 통해서 '진실'truth을 파악할 수 있는 우리 사유력과 판단력을 기를 수 있을까가 핵심 관건이라는 의미이다.

이 책의 출판이 이러한 일에 기여하기를 바란다. 그것은 더 이상 어떤 전문적인 예술가나 정치가들만의 일이 아니라 우리 모두의 일이고, 곧 우리의 미감적 판단력을 높이는 일일 것이다. 오늘과 같은 어려운 시기에 이를 위해서 책의 출판을 맡아준 늘봄출판사의 이부섭 편집장에게 깊은 감사와 경애를 보낸다. 우리 시대를 책임지는 또 한 사람의 미감적 행위자와 판단자로서의 그의 수고가 밑받침되어서 이 책이 나올 수 있었다.

그러나 마지막으로 다시 강조하고 싶은 말은 오늘 우리 한국 공동체 삶에서 그것 없이는 결코 인간적으로 거듭날 수 없고, 그것 없이는 우리 소망과 희망이 사라지는 '정치'가 더욱 인간적으로 거듭나기를 소망하는 것이다.

2022년 7월

부암동 한국信연구소에서

이은선 모심

한나 아렌트 삶은 하나의 이야기다

지은이 / 줄리아 크리스테바
옮긴이 / 이은선
펴낸이 / 조유현
편　집 / 이부섭
표지디자인 / 박아름
디자인 / 박민희
펴낸곳 / 늘봄

등록번호 / 제300-1996-106호　1996년 8월 8일
주소 / 서울시 종로구 김상옥로 66, 3층
전화 / 02)743-7784
팩스 / 02)743-7078

초판발행 / 2022년 7월 20일

ISBN 978-89-6555-101-0 93160

※ 값은 표지에 있습니다.